Frère John, Taizé
EINE GEMEINSCHAFT VON FREUNDEN
Kirche neu entdecken

Frère John, Taizé

Eine Gemeinschaft von Freunden

Kirche neu entdecken

 Verlag Neue Stadt
München · Zürich · Wien

Titel der Originalausgabe:
Une multitude d'amis. Réimaginer l'Église
à l'heure de la mondialisation.
© 2011 Ateliers et Presses de Taizé,
   71250 Taizé-Communauté, Frankreich

Übersetzung aus dem Französischen und Englischen:
Claudia Schwarz

1. Auflage 2012
© Alle Rechte der deutschsprachigen Ausgabe bei
   Verlag Neue Stadt GmbH, München
Umschlaggestaltung und Satz: Neue-Stadt-Grafik
Druck: Memminger MedienCentrum, Memmingen
ISBN 978-3-87996-963-0

www.neuestadt.com

Inhalt

Wegen meiner Brüder und Freunde
will ich sagen: In dir sei Friede.
Wegen des Hauses des Herrn, unseres Gottes,
will ich dir Glück erflehen.

(Psalm 122,8f)

Vorwort

Die Idee zum Schreiben dieses Buches kam mir vor einigen Jahren, als ich alleine durch Italien reiste. Wie so oft besuchte ich dort Gruppen junger Menschen, die wir kennen, um mit ihnen durch Zeiten des Gebets und des Austauschs die gemeinsame Suche fortzuführen. Da ich fast jeden Tag in einer anderen Stadt war, hörte ich oft Äußerungen wie: „Fühlst du dich nicht einsam, so weit weg von deiner Gemeinschaft?"

Ein solcher Gedanke war mir nie in den Sinn gekommen. Gewöhnlich antwortete ich: „Mich einsam fühlen? Wo ich auch immer hingehe, werde ich von vielen Freunden empfangen!"

Freunde überall ... Bei näherer Betrachtung wurde mir klar, dass die jungen und weniger jungen Leute, mit denen ich Zeit verbrachte, nicht nur meine persönlichen Freunde waren. Unsere Beziehung wurzelte in den Erfahrungen, die wir in Taizé und bei anderen Treffen gemacht hatten, zu denen die Teilnehmer kommen, um ihren Glauben zu vertiefen und die Bedeutung ihres Zusammenseins um Christi willen zu entdecken. Sagte nicht Jesus selbst: „Ich nenne euch Freunde"? (Joh 15,15). Wenn wir alle Freunde Jesu sind, so dachte ich mir, dann sind wir auch einander Freunde. Diese Erkenntnis führte mich dazu, das Thema der Freundschaft als eine Möglichkeit zu betrachten, um die Botschaft Jesu Christi besser verstehen zu können.

Es ist richtig, dass Freundschaft an sich in der Bibel keine große Rolle spielt. Im Neuen Testament wird sie als Beschreibung der Bindungen zwischen den Gläubigen größtenteils von anderen Bildern in den Schatten gestellt; diese sind vor allem dem Bereich des Familienlebens, aber auch des menschlichen Körpers oder der Struktur eines Gebäudes entnommen. Aber auch wenn das Thema Freundschaft etwas unter der Oberfläche versteckt bleibt, ist es in den biblischen Schriften vorhanden. Auch in der Geschichte des Christentums taucht es immer wieder auf. Heutzutage hat es in einer Gesellschaft, in der sich fast alle Institutionen in einer Sinnkrise befinden, wahrscheinlich eine höhere Bedeutung als viele andere Formen menschlicher Beziehung. Die jüngeren Generationen scheinen jedenfalls immer noch auf der Suche nach Freundschaft zu sein. Auch wenn in unserer an Profit, Effizienz und Konsum orientierten Gesellschaft die Freundschaft manchmal verfälscht oder verzerrt wird, bleibt sie – neben der Familie und vielleicht sogar mehr als diese – einer der Häfen, in dem es unserer Menschheit möglich ist, sich in einer immer mehr entmenschlichten Welt zu behaupten.

Die Freundschaft, welche viele in Taizé und in ähnlichen Kontexten entdecken, hat allerdings eine besondere Eigenart: Sie beschränkt sich nicht auf eine kleine Gruppe von Einzelpersonen, die ähnliche Vorgeschichten und Überzeugungen teilen. Darin entspricht sie einem Grundzug unserer Zeit. Ob wir wollen oder nicht, wir sind alle Teil eines epochalen Prozesses, der gewöhnlich Globalisierung genannt wird. Wenn die Menschheit sich auf dem Weg befindet, in noch größerem Maß ihre Einheit zu entdecken, bekundet sie eine Dimension, die bereits im christlichen Glauben grundgelegt ist. Die Entwicklungslinien unserer heutigen Gesellschaft können uns helfen, einige Aspekte unseres geistlichen Erbes deutlicher zu fassen. Das regt unsere Vorstellungskraft an und hilft uns, über unseren Glauben Rechenschaft abzulegen. Eine solche Möglichkeit wurde bereits in den Worten andeutet, die Papst Johannes XXIII. auf dem Totenbett gesagt haben soll: Es ist nicht das Evangelium, das sich verändert hat; wir haben nur angefangen, es besser zu verstehen. Wenn das der Fall ist, dann kann man hoffen, dass die in all ihrer Größe und Schönheit wieder entdeckte Frohe Botschaft Jesu Christi in einer Art Rückkoppelung oder Bumerang-Effekt den gegenwärtigen Bestrebungen zu der einen Menschheitsfamilie eine Orientierung sein kann.

Das vorliegende Buch möchte also die christliche Botschaft beleuchten, indem es das – nach menschlichem Ermessen paradoxe – Konzept einer universalen Freundschaft zum Ausgangspunkt nimmt. Am Anfang steht die Frage: „Was ist das wesentliche Merkmal, das den christlichen Glauben ausmacht?" Dies führt zur Entdeckung der Gemeinschaft und folglich der Bedeutung der Versammlung gläubiger Menschen als Kirche. Ein weiterer Abschnitt untersucht Vorstellungen von Freundschaft und ihre Verwandlung durch das Christentum. Dem folgt ein Kapitel, das sich dem Abenteuer Taizé und seinem Gründer widmet – ein konkretes Beispiel, oder vielmehr ein Gleichnis dafür, wie ein riesiges Gewebe von Freunden um Christi und des Evangeliums willen aussehen könnte. Abschließend wird versucht, auf der Grundlage dieser Entdeckungen einige praktische Schlussfolgerungen für das Leben der Christen in der heutigen Welt zu ziehen.

Dieses Buch entstand in einer monastischen Gemeinschaft, die jährlich Zehntausende junger Menschen aus vielen Ländern empfängt, die nach einem Sinn für ihr Leben suchen. Dieser ökumenische, internationale Kontext hat in hohem Maß die Ausrichtung des Buches geprägt. Auch wenn die katholische und amerikanische Herkunft des Autors einen Einfluss ausgeübt hat auf die gestellten

Fragen und die Art und Weise, wie nach Antworten gesucht wird, so möchte es doch nicht für einseitige Lösungen plädieren, sondern eine möglichst umfassende Reflexion anregen.

Am Anfang dieses neuen Jahrhunderts haben wir oft den Eindruck, unsere Welt befinde sich in einer Übergangszeit, deren Ausgang schwer auszuloten ist. Ich bin überzeugt, dass die christliche Kirche in dem Maß, wie sie sich ihrer Identität als weltweites Netzwerk von Freunden bewusst wird, eine heilsame Rolle spielen kann in einer Welt, die oft blind nach ihrer Identität und Einheit sucht. Dafür gibt es nur einen Weg: die Rückkehr zu den Wurzeln.

Taizé, den 20. August 2010
Frère John

I – Der christliche Glaube[1]

B evor wir versuchen, Freundschaft und ihr Verhältnis zur Kirche zu betrachten, müssen wir uns mit einer grundsätzlicheren Frage beschäftigen. Was ist eigentlich der Glaube, den wir bekennen? Was ist das wesentliche Merkmal, das ihn ausmacht? Die Taufe? Das Glaubensbekenntnis, das man manchmal spricht? Oder bestimmte moralische Werte? Wird man Christ, indem man bestimmte Rituale, beispielsweise den sonntäglichen Kirchgang, befolgt? Oder machen bestimmte Vorstellungen von der Welt oder der menschlichen Existenz das Christsein aus? Im Folgenden versuchen wir, uns dieser entscheidenden Frage und ihrer Antwort zu nähern.

Eine Religion?

W enn man zufällig ausgewählte Menschen spontan danach fragen würde, erhielte man sicherlich zur Antwort: Das Christentum ist eine *Religion*, eine der größten Weltreligionen.

Diese Antwort, so offensichtlich sie in den Augen vieler auch sein mag, spiegelt eine moderne, westliche Sichtweise wider. Das Wort „Religion" im Sinne von „spezifisches Kult- und Glaubenssystem" gibt es erst seit dem Mittelalter und hat sich im 16. Jahrhundert weit verbreitet. Es wurde schon in der Antike gebraucht, aber damals bedeutete es eher Eifer, Respekt für das Heilige, Verehrung der Götter. Im aufkommenden Christentum bezog es sich zunächst auf das klösterliche Leben.[2] Erst in der Neuzeit, teilweise dank des Aufblühens der Wissenschaften im Westen, entwickelte sich die Idee, dass es in der Welt verschiedene „Religionen" gibt: Christentum, Hinduismus, Buddhismus, Judentum, Animismus und so weiter – von denen jede auf die Fragen und Bedürfnisse des Menschen unterschiedliche Antworten gibt. Auch wenn die verschiedenen Religionen anfangs untrennbar mit ihrer jeweiligen Kultur, in der sie entstanden sind, verbunden waren, wurden sie mehr und mehr von ihrem Ursprungsland getrennt und zum Gegenstand persönlicher Wahl gemacht. So findet niemand mehr etwas dabei, wenn jemand aus einer jüdischen Familie in Florida sich Buddhist nennt, ohne jemals im Fernen Osten gewesen zu sein.

Diese Vorstellung von „Religionen" entspricht zwar in etwa der empirischen Situation der gegenwärtigen Welt; diese Sichtweise kann uns bei unserer Frage aber auch in die Irre führen. Einmal, weil sie eine Vorstellung von der Realität des christlichen Glaubens vermittelt, die diesem von Grund auf fremd ist. Weder Jesus von Nazareth noch seine Jünger hatten die leiseste Ahnung, dass sie gerade dabei waren, eine „neue Religion" zu etablieren. Unabhängig davon, was man über seine wahre Identität denken mag, war Jesus in erster Linie ein jüdischer Wanderprediger, der voll in das Leben seines Volkes integriert war. Dort muss man ansetzen, um die historische Entwicklung, die von ihm ausging, verstehen zu können. Wenn man komplexe historische Gebilde wie beispielsweise das Christentum, den Buddhismus und den Islam sozusagen in einen Topf wirft, läuft man Gefahr, ihre Eigenarten und – noch viel mehr – das Spezifische ihrer Gründer zu verkennen. Jesus, Buddha und Mohammed waren sehr verschieden in ihrem Selbstverständnis und in ihren Absichten. Wer Religionen miteinander vergleicht, läuft Gefahr, Unvergleichbares zu Vergleichen.

Wir finden das Wesentliche des christlichen Glaubens also nicht in der Tatsache, dass er eine Religion ist. Aus Gründen, die vor allem den Inhalt dieses Glaubens betreffen, haben Theologen manchmal gezögert, ihn als Religion zu bezeichnen. Besonders herausgestellt hat diesen Gedanken Dietrich Bonhoeffer, der lutherische Pastor, der 1945 von den Nazis ermordet wurde, weil er sich im Widerstand engagiert hatte. Das Zögern Bonhoeffers hatte mindestens zwei Gründe. Zuallererst betrifft die Religion *per definitionem* nur *einen Teil* der menschlichen Existenz, während Jesus Christus einen Bezug zum *ganzen Leben* hat. Jeder Versuch, ihm einen abgesteckten Bereich zuzuweisen, ihn auf bestimmte Zeiten, Formen oder Orte zu beschränken, muss zwangsläufig seine wahre Bedeutung verfälschen. Aus dem Gefängnis schreibt Bonhoeffer am 18. Juli 1944 einen Brief, aus dem ein Satz berühmt geworden ist: „Jesus ruft nicht zu einer neuen Religion auf, sondern zum Leben." Das war keine Entdeckung der letzten Monate; schon 1928 schrieb er: „Christus ist nicht der Bringer einer neuen Religion, sondern der Bringer Gottes."[3]

Es widerstrebte Bonhoeffer auch deswegen, den Glauben an Jesus Christus einer Religion gleichzusetzen, weil in seinen Augen das Konzept einer Religion auch in anderer Hinsicht unvollständig war: Eine Religion gelte nicht unbedingt für alle Zeiten und alle Orte. Am Ende seines Lebens, als Bonhoeffer umgeben war von Menschen, für die Religion anscheinend keine Lebensnotwendigkeit war, ahnte er den Anbruch einer Gesellschaft, in der die Religion im alltäglichen Leben keine entscheidende Rolle mehr spielen würde. Überzeugt davon, dass Christus auch für diese Menschen gekommen war, sah Bonhoeffer

keine Notwendigkeit, in ihnen ein „religiöses Bedürfnis"
zu wecken, um sie dann zu Christus hinzuführen. Ein
solches Verhalten hat er entschieden abgelehnt. Er sah eine Parallele zu den Urchristen, die nach und nach verstanden hatten, dass man nicht zuerst Jude werden musste, um die Gute Nachricht Jesu Christi annehmen und
danach leben zu können. Während der letzten Zeit im
Gefängnis rang Bonhoeffer mit der Frage, wie man einer
„mündig" gewordenen Welt, für die der Trost einer Religion nicht unbedingt von Interesse ist, ein Zeugnis Christi geben könne. Auch wenn seine Gedanken dazu leider
nicht ausgearbeitet werden konnten und seine Einschät-
zung der Welt heute nicht mehr ganz zutrifft (in unserem
Jahrhundert scheint „Religion" lebendiger zu sein als je
zuvor, zumindest wenn wir die gesamte Welt betrachten),
ist seine Überzeugung, dass das Wesentliche des christlichen Glaubens nicht an seinen „religiösen" Charakter ge-
bunden ist, nach wie vor aktuell und eröffnet eine wichtige Spur für unsere Suche. „Jesus ruft nicht zu einer neuen
Religion auf, sondern zum Leben."[4]

Eine Spiritualität?

In unserer Zeit fällt einem spontan noch ein anderes
Wort ein, um den christlichen Glauben zu beschreiben:
Spiritualität. Dieser Begriff meint vor allem einen persönlichen inneren Weg, Überzeugungen und Praktiken, welche die Entwicklung und Vertiefung eines inneren Lebens
prägen. Im Neuen Testament lesen wir, dass Jesus sein
Wirken damit begonnen hat, Menschen zu rufen, ihm zu
folgen und schließlich „durch das enge Tor" zu gehen
(Mt 7,13). Ausgehend davon, dass Jesus für Christen nicht
nur eine historische Figur, sondern als von den Toten Auf-

erstandener weiterhin für und unter den Seinen anwesend ist, könnte man das Wesentliche des Christentums in der persönlichen Beziehung zwischen jedem und jeder einzelnen Gläubigen und Christus Jesus sehen. Jeder erhält einen persönlichen Ruf, auf den hin er anfängt, Christus zu folgen; nicht äußerlich, in dem er auf den Straßen von Galiläa geht, sondern indem er Tag für Tag seine Existenz auf dieser Beziehung und diesem Ruf aufbaut.

In diesen Zusammenhang passt, dass eines der bekanntesten Bücher Bonhoeffers den Titel *Nachfolge* trägt. Zu den großen Verdiensten einiger protestantischer Strömungen des Christentums gehört, dass sie die persönliche Beziehung des Gläubigen zu Christus, seinem Herrn, herausgestellt und bekräftigt haben, dass keine Institution und kein äußerlicher Ritus diese ersetzen können. Auch wenn Christus für unsere Augen unsichtbar ist, ist er heute genauso für die Gläubigen gegenwärtig, wie er es für seine Jünger vor 2000 Jahren in Palästina war. In gewissem Sinne ist seine Gegenwart heute noch stärker, denn sie geht über eine rein äußerliche Begegnung hinaus. Paulus schreibt sogar: „Nicht mehr ich lebe, sondern Christus lebt in mir" (Gal 2,20). Sicherlich sind sich alle christlichen Traditionen dieser Wahrheit bewusst. Bedenken wir nur, dass das bekannteste Buch der Spiritualität des Westens seit dem 15. Jahrhundert *Die Nachfolge Christi* war, oder erinnern wir uns an die unzähligen Ikonen des Antlitzes Christi in den Ostkirchen. Trotzdem ist es der Protestantismus, der einen besonderen Wert auf die persönliche Hingabe an Jesus und die persönliche Antwort auf seinen Ruf gelegt hat.

Auch aus einem anderen Blickwinkel kann man den christlichen Glauben als Spiritualität verstehen, nämlich als „das Leben im Geist", von dem Paulus vor allem im achten Kapitel des Römerbriefs spricht. Für ihn ist der

Glaube an Jesus Christus ein bedingungsloses Geschenk der Liebe Gottes an die Menschen, die niemals von sich aus eine solche Liebe verdienen oder erhalten könnten.[5] Wenn das so ist, muss der Mensch dieses Geschenk aus freien Stücken annehmen. Der Gott, der uns durch Jesus Christus offenbart ist, zwingt das menschliche Herz zu nichts, denn wirkliche Liebe sucht und weckt eine freie Antwort. Dem Geschenk Gottes, das er uns durch Christus macht, entspricht die Annahme dieses Geschenkes seitens der Menschen und das Bemühen, die Liebe in die Tat umzusetzen. Da die Gabe Gottes vor allem Lebenshauch ist (in der Bibel mit „Geist" übersetzt), kann sie nur empfangen werden, indem sie lebendig wird.

Zusammenfassend gesagt: Das Christentum kann insofern als eine Art Spiritualität gesehen werden, als es in dem verwurzelt ist, was die Bibel als „Herz" bezeichnet, der Grund des Seins, der die Liebe aufnehmen und darauf antworten kann, indem aus dieser Liebe konkretes Handeln im täglichen Leben wird.

Es gibt jedoch auch Gegenargumente, den Spiritualitätsbegriff auf den Glauben an Jesus Christus anzuwenden. Heutzutage schwingen in „Spiritualität" häufig eklektische und individualistische Konnotationen mit. Man eignet sich Elemente aus verschiedenen Bereichen an und lässt das außen vor, was nicht dem eigenen Geschmack entspricht. Aber eine solche maßgeschneiderte Spiritualität passt nicht zur Beschaffenheit des christlichen Glaubens. Wie wir bereits gesehen haben, besteht er vorrangig in der Beziehung zu der Person Christi, und nicht in der Aneignung individuell ausgesuchter Lehrmeinungen. Das Wesentliche besteht im Vertrauen auf ihn; und das geht über das hinaus, was man auf Anhieb versteht. Wie Abraham begibt sich der Gläubige auf den Weg, ohne zu wissen, wohin die Reise geht (vgl. Hebr 11,8). Dabei stützt er sich nur auf den Glauben an den, der ihn ruft und begleitet. Frère Roger, der Gründer von Taizé, schrieb einmal: Glaube ist eine ständige Einladung, „das Unverhoffte zu leben".

Darüber hinaus ist der christliche Glaube keine individualistische Realität. Wer den Ruf Christi hört und ihm folgt, nimmt seinen Platz in der Gemeinschaft derer ein, die sich auf demselben Weg befinden. Die Beziehungen der Jünger untereinander sind ebenso wichtig wie die zu ihrem Herrn, denn darin kommt über alle Worte hinweg der Inhalt des Glaubens an Jesus zum Ausdruck. In dieser Hinsicht ist es nützlich, die Bedeutung der Worte *persönlich* und *individuell* zu unterscheiden. Der Glaube ist eine zutiefst persönliche Angelegenheit, denn er beruht auf einem einzigartigen Ruf und einer intimen Vertrauensbeziehung zu Christus – mit einem Wort: Er ist im Herzen verwurzelt. Aber dieser Glaube ist keine individuelle Angelegenheit, da er den Gläubigen unmittelbar in ein Geflecht von Beziehungen einfügt, indem er ihn zum vollwertigen Mitglied der Familie Gottes macht.

Ein gemeinschaftliches Leben?

Jesus ruft nicht zu einer neuen Religion auf, sondern „zum Leben." Auch wenn das Christentum zweifellos religiöse Elemente aufweist, weil es seine Anhänger in eine Beziehung mit dem Absoluten setzt, und auch wenn es manchmal als persönliche Spiritualität gesehen wird, ist es sicherlich eine treffendere Beschreibung, es als Lebensweise zu sehen, genauer noch als *gemeinschaftliches Leben*. Das, was die Bewohner des Mittelmeerraums vor 2000 Jahren beeindruckte, als sie mit den ersten Christen in

Kontakt kamen, war die Tatsache, dass sich Menschen verschiedenster Herkunft, unterschiedlicher Sprache und aus verschiedenen sozialen Schichten „Bruder" und „Schwester" nannten und eng zusammenlebten: Juden und Griechen, Sklaven und Freie, Männer und Frauen (vgl. Gal 3,28). In Kol 3,11 heißt es: „Wo das geschieht, gibt es nicht mehr Griechen oder Juden, Beschnittene oder Unbeschnittene, Fremde, Skythen, Sklaven oder Freie ..." Trotz philosophischer Überlegungen über die Einheit des Menschengeschlechts in der Antike nahm der Traum einer einzigen Menschheitsfamilie das erste Mal in der Menschheitsgeschichte konkret Gestalt an. Mit gutem Grund kann man davon ausgehen, dass diese Konkretisierung weit mehr als jegliche Lehraussage dem entstehenden Christentum seine gewaltige Anziehungskraft gegeben hat.

Dreimal gibt uns Lukas in seinem Buch über die ersten Christen, der *Apostelgeschichte*, eine kurze Darstellung ihres Lebens. Die erste Stelle steht am Ende des zweiten Kapitels, im Anschluss an die Erzählung vom ersten Pfingstfest in der Geschichte der Christen:

„Sie hielten an der Lehre der Apostel fest und an der Gemeinschaft, am Brechen des Brotes und an den Gebeten. Alle wurden von Furcht ergriffen; denn durch die Apostel geschahen viele Wunder und Zeichen. Und alle, die gläubig geworden waren, bildeten eine Gemeinschaft und hatten alles gemeinsam. Sie verkauften Hab und Gut und gaben davon allen, jedem so viel, wie er nötig hatte. Tag für Tag verharrten sie einmütig im Tempel, brachen in ihren Häusern das Brot und hielten miteinander Mahl in Freude und Einfalt des Herzens. Sie lobten Gott und waren beim ganzen Volk beliebt. Und der Herr fügte täglich ihrer

Gemeinschaft die hinzu, die gerettet werden sollten" (Apg 2,42-47; vgl. 4,32-35 und 5,12-16).

Was man hier sieht, ist eine Gemeinschaft, die mitten unter dem jüdischen Volk lebt (und bald dessen Grenzen überschreiten wird) und deren Mitglieder auf zwei sich ergänzende Weisen das Leben teilen. Zuerst mit Gott, und hierbei handelt es sich um ein gewissenhaftes Gebetsleben, das traditionelle Gebete und neue Formen vereint, vor allem das „Brechen des Brotes", das sich wahrscheinlich auf die Eucharistie bezieht. Zweitens untereinander: Diese Christen führten nicht nur ein spirituelles, sondern auch materiell ein gemeinschaftliches Leben, bei dem ein jeder das ihm Notwendige bekam.

Dieses Bild vermittelt einen nahezu idyllischen Eindruck. Ein vertieftes Studium der Texte über die Urgemeinde zeigt, dass – trotz des starken Antriebs, den Tod und Auferstehung Christi verliehen hatten – die Realität keineswegs immer so perfekt war. Lukas beschreibt die erste christliche Gemeinschaft jedoch nicht aus romantischer oder nostalgischer Sicht, sondern als Antwort auf die Frage nach dem wesentlichen Merkmal christlichen Glaubens, welches nicht so sehr in neuen Vorstellungen über Gott, sondern in einem gemeinschaftlichen Leben bestand. Nach Lukas war es dieses Gemeinschaftsleben, das die Menschen anzog und den Erfolg dieser neuen Bewegung erklärte.

Ein weiterer Hinweis dafür, dass hier das Wesensmerkmal des Glaubens dargestellt wird, liegt in der Tatsache, dass Lukas diesen Bericht ans Ende des zweiten Kapitels der Apostelgeschichte stellt. Wir sagten bereits, dass Jesus voll und ganz im Volk Israel verwurzelt war. Israel verstand sich als ein Volk mit einer besonderen Bestimmung in der gesamten Menschheit. Der Gott, der dieses Volk aus

einer inhomogenen Gruppe nach Ägypten eingewander-
ter Arbeiter geformt hatte, war nicht eine Stammes- oder
Lokalgottheit, sondern der Schöpfer der Welt und Herr
der Geschichte. Daraus ergibt sich die historische Rolle
des jüdischen Volkes: Durch seine Existenz soll es Zeugnis für diesen einen Gott geben, damit eines Tages alle
Nationen der Erde ihn anerkennen und in Frieden und
Einklang zusammen leben können (siehe beispielsweise
Jes 2,2-4).

Diese Bestimmung Israels war von Anfang an von geschichtlichen Hindernissen geprägt worden. Viele Gläubige glaubten daher, dass für die vollständige Erfüllung
ihrer Berufung ein Neuanfang notwendig sei. Dieser
würde eine völlig neue Offenbarung Gottes beinhalten,
durch die er schließlich seine ursprüngliche Intention
vollenden könnte. Die ersten Jünger sahen einen solchen
Neuanfang, nach dem scheinbaren Scheitern durch Jesu
gewaltsamen Tod, in der guten Nachricht seiner Auferstehung: Die Sache Jesu war nicht zu Ende, sondern fing gerade erst an. Sie ging weiter mit dem erneuten Erscheinen
des göttlichen Lebenshauches, des Geistes, der es Israel
ermöglichte, das zu sein, wozu Gott es von Anfang an bestimmt hatte: der Kern einer erneuerten, versöhnten
Menschheit. Wenn also Lukas sein zweites Buch mit dem
auferstandenen Jesus beginnt, der den Heiligen Geist auf
seine Jünger sendet, um nach seinem Tod seinem Auftrag
einen neuen Anstoß zu geben, ist es nicht verwunderlich,
dass Lukas seinen Pfingstbericht mit der Beschreibung einer Gemeinschaft beendet, in der diese Sendung konkrete
Gestalt annimmt.

Die Struktur der Apostelgeschichte beruht auf zwei ge-
gensätzlichen Bewegungen. Mal begeben sich die Jünger
Christi auf die Reise, um die Gute Nachricht in alle Himmelsrichtungen zu tragen und Verbindungen zwischen

denen zu knüpfen, die dem Ruf folgen, dann wieder finden sie sich gemeinsam am Tisch des Herrn ein und bringen in ihrer Einheit den Sinn und den Zweck dieser Mission zum Ausdruck. „Seht doch, wie gut und schön ist es, wenn Brüder miteinander in Eintracht wohnen" (Ps 133,1).

Es ist aufschlussreich, diese beiden typischen Strömungen der Urchristen mit der Situation der heutigen Kirchen in Verbindung zu bringen. Die Bewegung nach außen hat reiche Frucht gebracht. Eine wichtige Ursache für diese Ausdehnung war der Aufstieg des Christentums von einer geschmähten, ja verfolgten Sekte zur Staatsreligion des Römischen Reiches im vierten Jahrhundert. Gleichzeitig haben christliche Missionare die Botschaft überallhin getragen, oft um den Preis ihres Lebens. Das Christentum wurde so zu einem weltweiten Phänomen.

Die großen christlichen Konfessionen, allen voran die katholische Kirche, haben sich auf der ganzen Welt verbreitet, doch ihr Zusammenkommen in Einheit hat nicht in gleicher Weise zugenommen. Dies liegt vor allem daran, dass sich im Laufe der Zeit die Kirche Jesu Christi in verschiedene Teile aufgespalten hat, die sich manchmal sogar feindlich gegenüberstehen. Ein weiterer Grund ist die abnehmende Lebendigkeit des Christentums, die mit seiner geografischen und zahlenmäßigen Ausbreitung einherzugehen scheint. Das Salz des Evangeliums hat sich in der Masse aufgelöst und dabei etwas an Geschmack verloren. Oder um eine andere Metapher zu benutzen: Es scheint, als wäre der Sauerteig zumindest zeitweise von der Teigmasse verschluckt worden. Um Beispiele für Gemeinschaften zu finden, die für ein intensives Gebetsleben und ihre gegenseitige Unterstützung bekannt sind, muss man entweder bei kleinen evangelikalen und pfingstlichen Kirchen suchen oder bei Gruppierungen innerhalb der großen traditionellen Kirchen, beispielsweise klösterliche oder religiöse Gemeinschaften oder sogenannte neue kirchliche Bewegungen. Allerdings vereinen diese Gruppen nicht immer Menschen gänzlich verschiedener Herkunft. Es ist offensichtlich nicht leicht, Universalität und Intimität in der Praxis miteinander zu vereinbaren. Doch gerade das findet man in der Beschreibung der Urchristen im Neuen Testament, und zwar von Anfang an. Wir lesen von Gemeinschaften, die aufgrund ihres Glaubens an den gekreuzigten und auferstandenen Christus ihre gesamte Existenz mit den anderen Mitgliedern teilen und dabei offen für Menschen vielfältigster Herkunft bleiben. Diese Gemeinschaften führten ein solidarisches Leben, ohne dabei sektiererisch zu werden, denn sie wahrten die Überzeugung, dass sie nicht für sich selbst existierten, sondern eine Berufung für die gesamte Menschheit erhalten hatten, nämlich ein Keim für Versöhnung und Frieden zu sein. Um es auf den Punkt zu bringen: Diese Gemeinschaften verbanden ein intensives gemeinsames Leben mit universellen Absichten.

Das klassische Wort für ein derartiges gemeinschaftliches Leben ist das griechische Wort *koinonía*, das meistens mit „Gemeinschaft" oder „Kommunion" übersetzt wird. Im Neuen Testament ist es die Vorrede des ersten Johannesbriefs, die uns seine Bedeutung am besten verstehen lässt. Der Verfasser schreibt an diejenigen, die nach der ersten Generation Teil der christlichen Gemeinschaft geworden sind und spricht von Jesus Christus nicht wie von einer Person unter vielen, sondern nennt ihn „Leben", „Wort des Lebens" oder „Leben, das ewig ist". In ihm ist das Leben Gottes also in sehr konkreter Form in die Menschheitsgeschichte getreten. Und er fährt fort:

„Was wir gesehen und gehört haben, das verkünden wir auch euch, damit auch ihr Gemeinschaft *(koinonía)* mit uns habt. Wir aber haben Gemeinschaft *(koinonía)* mit dem Vater und mit seinem Sohn Jesus Christus. Wir schreiben dies, damit unsere Freude vollkommen ist" (1 Joh 1,3f).

Das mitgeteilte Wort des Lebens schafft *koinonía* – gemeinschaftliches Leben, Solidarität – unter denen, die es aufnehmen. Dieses gemeinschaftliche Leben ist keine bloß menschliche Wirklichkeit, gründet nicht nur auf den Gefühlen und dem guten Willen der Frauen und Männer, die dazu gehören. Nein, es ist Teilhabe am Leben Gottes, an der Gemeinschaft, die Christus mit dem verbindet, den er – in der Einheit des Geistes – *Abba*, Vater, nennt. Schließlich schreibt Johannes, dass dieses gemeinschaftliche Leben – unter den Gläubigen und mit Gott – Quelle wahrer, vollendeter Freude ist. Wenn das der Fall ist, liegt es dann nicht daran, dass es dem tiefsten Bedürfnis des menschlichen Herzens entspricht, nämlich ohne örtliche oder zeitliche Beschränkung zu lieben und geliebt zu werden?

Das fortdauernde Angebot einer allumfassenden Gemeinschaft in Gott

Nachdem wir uns mit einigen Beschreibungen beschäftigt haben, die der Sache immer näher gekommen sind, können wir endlich auf unsere Fragen nach dem entscheidenden Merkmal des christlichen Glaubens antworten. Zunächst ist der Begriff *Religion* nicht sehr hilfreich, um diesen Glauben in seiner Einzigartigkeit zu beschreiben, auch wenn es eine „religiöse" Dimension gibt, weil es sich um die Beziehung mit dem Absoluten handelt, das wir allgemein Gott nennen. Handelt es sich also um eine Form von *Spiritualität*? Ja, in dem Sinne, dass der Glaube einen persönlichen Weg darstellt, der durch das Eintauchen in den Sinn der Existenz gekennzeichnet ist. Jedoch ist dieser Weg nicht allein dem individuellen Ermessen überlassen, er ist keine Ansammlung von Komponenten, die ein jeder nach seinem persönlichen Interesse zusammenstellt. Weit entfernt davon, eine Mischung aus Überresten der spirituellen Traditionen der Menschheit zu sein, handelt es sich um einen Pilgerweg auf den Spuren Christi, der den Pilger kontinuierlich mit denen in Beziehung setzt, die sich auf demselben Weg befinden.

Ist der christliche Glaube also *ein gemeinschaftliches Leben*? Diese Definition hat den großen Vorteil, dass sie mit dem Leben der Urchristen übereinstimmt, wie es im Neuen Testament beschrieben ist. Hinzuzufügen ist, dass sich ein solches gemeinschaftliches Leben nicht in einem bloßen Zusammenleben erschöpft, sondern dass seine Wurzeln in Gott liegen; es bedeutet im Wesentlichen Teilhabe am Leben Gottes, ein Leben, das Liebe und damit Leben für die anderen ist. Auch wenn es in der Realität nicht vollkommen ist, ist es von Anfang an *per se* inklusiv, universell: Es bezieht praktisch jeden Menschen mit ein. In diesem Sinne sind die Grenzen der christlichen Gemeinschaft nicht ein für alle Mal festgeschrieben, sondern fallen letztlich mit der gesamten Menschheitsfamilie, der gesamten Schöpfung zusammen.

Als Quintessenz lässt sich der Glaube an Jesus Christus also als *fortdauerndes Angebot einer allumfassenden Gemeinschaft in Gott* beschreiben. Sehen wir uns diese Definition genauer an:

Zuerst einmal ist der christliche Glaube nicht von Menschen geschaffen, sondern ein *Angebot* beziehungsweise eine Einladung, die von Gott kommt. Die biblische Offenbarung ist in ihrer Gesamtheit eine „kopernikanische Wende", die durch diese Umkehrung der Perspektiven gekennzeichnet ist. Dies galt bereits für das Volk Israel. Die Identität dieses Volkes gründete sich nicht auf geografische Kriterien oder auf Abstammung, sondern auf die freie Erwählung eines geheimnisvollen und transzendenten Gottes. Dies verstärkt sich noch mit dem Kommen Jesu Christi. Für seine Jünger – und hier haben wir eine Situation, die bei fast allen Religionsstiftern bzw. Gründern von Schulen der Spiritualität anders ist – war Jesus kein Mann, der unerwartet von einer göttlicher Macht erwählt wurde oder eine Erleuchtung erreicht hatte; er ist in erster Linie weder Prophet noch Meister der Weisheit, noch Philosoph oder Seher. Bei ihm, so undenkbar das auch erscheinen mag, ist die Quelle des Lebens, die uns begegnen will.

Wenn der christliche Glaube ein Angebot des Absoluten ist, liegt die Rolle der Menschen vor allem darin, die Einladung anzunehmen und darauf zu antworten. Es fällt nicht den Menschen zu, die Umrisse dieser Einladung zu bestimmen. Und wenn Gott durch Christus dazu aufruft, ein gemeinschaftliches Leben zu führen, bezieht sich sein Ruf auf die innerlichste Dimension des Menschen; Gott versucht, in ihm eine Freiheit zu wecken. Ein solches Angebot ist also das Gegenteil von Zwang. Jeglicher Versuch, es durch offene oder versteckte Mittel zu erzwingen, geht wider seine Natur. Leider wurde diese Wahrheit, wie wir alle wissen, im Lauf der Jahrhunderte nicht von der Obrigkeit und auch nicht von den christlichen Völkern verstanden, was der Verbreitung der wahren Botschaft des Evangeliums großen Schaden zufügte.

Zweitens ist die christliche Botschaft ein *fortlaufendes Angebot*, das heißt, eine reale und nicht bloß theoretische Einladung. Es geht vorrangig nicht um Ideen, um das richtige Verständnis intellektueller Wahrheiten. Theologisch ausgedrückt ist der Glaube keine Gnosis. Wie Jesus das Wesentliche seiner Botschaft durch sein Leben bis hin zu seinem Tod an einem Kreuz deutlich gemacht hat, macht der Jünger sein Leben ebenfalls zur Botschaft. Paulus hat es so ausdrückt: Christus hat sein Leben für alle gegeben, „damit die Lebenden nicht mehr für sich leben, sondern für den, der für sie starb und auferweckt wurde" (2 Kor 5,15). Diese Existenz „für Christus" kommt in der Existenz „für die anderen" zum Ausdruck. So gelangen wir auf einem anderen Weg zum Vorrang des gemeinschaftlichen Lebens. Das Christentum ist vielleicht einzigartig in der Hinsicht, dass es keinen Widerspruch zwischen Lehre und Praxis zulässt, sonst geht sein Wesensgehalt verloren. Im Gegenteil, die Lehre ist mit der Praxis identisch, denn es geht in beiden Fällen um Gemeinschaft mit Gott und mit den Menschen. Wenn die Christen keine geschwisterliche Liebe üben, wenn die Kirchen in Gleichgültigkeit oder gegenseitiger Konkurrenz verharren, ist all ihre Predigt nur toter Buchstabe.

DER LEIB CHRISTI

Fassen wir nun zusammen, was wir über das Wesentliche des christlichen Glaubens herausgefunden haben, indem wir uns vor allem mit einigen Schlüsselbegriffen des Apostels Paulus beschäftigen.

Fangen wir mit einer Frage an: Was ist die Verbindung zwischen dem Christentum als Spiritualität, als Nachfolge Jesu einerseits und dem Christentum als gemeinschaftliches Leben, das dazu bestimmt ist, immer umfassender zu werden, andererseits? Handelt es sich hierbei lediglich um zwei verschiedene Ansätze, oder gibt es eine tiefere Logik, die beides verbindet?

Ein erster Aspekt, der auf einen inneren Zusammenhang hindeutet, ist das semitische Konzept des namensgebenden Vorfahren. In der Welt der Bibel steht der Gründer eines Volkes oder einer Gemeinschaft in gewisser Weise für die gesamte Gruppe. Israel ist beispielsweise der Name, der sowohl für den Patriarchen Jakob als auch für die Nation benutzt wird, die seine Nachkommen bilden. Die Israeliten sind „die Söhne (oder die Kinder) Israels", und der Sohn gleicht seinem Vater (vgl. Gen 5,3). Gleichermaßen ist Adam für Paulus nicht nur der erste Mensch, sondern Begründer der Menschheit. Auf geheimnisvolle, aber reale Weise ist Adam jeder von uns, und jeder von uns ist Adam. Wenn in ihm „alle gesündigt haben", konkretisiert sich die Teilhabe an seiner Schuld in den realen Entscheidungen, die wir, jeder für sich, in unserem eigenen Leben treffen (vgl. Röm 5).

Dieses Verständnis verschafft dem Apostel eine wunderbare Gelegenheit, die Beziehung zwischen Jesus Christus und uns zu erklären. Anders als bei Adam und Israel sind diejenigen, die Christus folgen, nicht dessen Kinder, sondern durch ihn Kinder *Gottes*; *im Sohn* sind wir Söhne und Töchter. Durch die Taufe, die den Ruf Christi und unser „Ja" als Antwort konkretisiert, sterben wir unserem früheren Leben, das durch Trennungen gekennzeichnet war, und treten in die Familie Gottes ein. Auf diese Weise ist Jesus der „Erstgeborene von vielen Brüdern" und Schwestern (Röm 8,29); er ist in uns und wir sind in ihm. „Nicht mehr ich lebe, sondern Christus lebt in mir" (Gal 2,20).

Ein zweiter Aspekt betrifft das Verständnis des Leibes. Paulus benutzt ihn zunächst als Metapher der Gemeinschaft, wie es zu seiner Zeit üblich war. Im Bild der Beziehung zwischen Leib und Gliedern erklärt er das Verhältnis zwischen Einheit und Vielfalt in der christlichen Gemeinschaft: Durch den einen Hauch wurden die Gläubigen zum Leben erweckt, haben aber verschiedene Gaben und Sichtweisen. Dieses Bild unterstreicht darüber hinaus die enge Einheit der Gläubigen untereinander: „So sind wir, die vielen, ein Leib in Christus, als einzelne aber sind wir Glieder, die zueinander gehören" (Röm 12,5).

Im Denken des Apostels geht der Vergleich aber über diese Metapher hinaus. An die Korinther schreibt er: „Wie der Leib eine Einheit ist, doch viele Glieder hat …: So ist es auch mit *Christus*" (1 Kor 12,12). Beachten wir, dass er nicht schreibt: „So ist es auch mit unserer Gemeinschaft" oder: „So ist es auch mit der Kirche". Etwas später sagt er explizit: „Ihr seid der Leib Christi und jeder Einzelne ist ein Glied an ihm" (12,27). Nun dürfen wir nicht vergessen, dass zu jener Zeit der Leib nicht vorrangig als ein fleischlicher Körper aufgefasst wurde, wie es in unserem materialistischen Zeitalter oft der Fall ist, sondern als Präsenz einer Person in der Welt, genauer: als ihre Gegenwart bei anderen. Zu sagen, dass die christliche Gemeinschaft der Leib Christi ist, heißt: Christus bleibt durch das gemeinschaftliche Leben seiner Jünger und Jüngerinnen in der Welt gegenwärtig. Gemeinsam bilden sie seine Gegenwart, die über Raum und Zeit hinweg andauert.

Gehen wir noch einen Schritt weiter in der umfassenden Perspektive der Briefe an die Kolosser und an die Epheser. Beide beginnen mit dem großen Vorhaben Gottes, „alles zu vereinen" (Eph 1,10) beziehungsweise „alles zu versöhnen" (Kol 1,20): durch Christus, in ihm, mit ihm und folglich auch untereinander. Zeichen und Mittel dieser zweifachen Versöhnung ist die Gemeinschaft der Gläubigen, die Kirche, eine Wirklichkeit im ständigen Werden, die ihre Energie aus der Beziehung mit ihrem Haupt Jesus Christus schöpft:

„Wir wollen uns, von der Liebe geleitet, an die Wahrheit halten und in allem wachsen, bis wir ihn erreicht haben. Er, Christus, ist das Haupt. Durch ihn wird der ganze Leib zusammengefügt und gefestigt in jedem einzelnen Gelenk. Jedes trägt mit der Kraft, die ihm zugemessen ist. So wächst der Leib und wird in Liebe aufgebaut" (Eph 4,15f; vgl. Kol 2,19).

Ein Leib, der vor 2000 Jahren in Palästina an ein Kreuz genagelt wurde, und dadurch über den Tod hinaus einem Leib Leben gab, der über die Jahrhunderte wuchs, indem er auf verschiedenste Weise unglaublich viele Männer und Frauen zusammenführte. Am Horizont steht eine Vision der Menschheit, die als eine einzige Familie in Frieden lebt. Dieses Bild drückt gewiss am besten aus, was den christlichen Glauben ausmacht. Augustinus, einer der wichtigsten christlichen Denker des Westens, formuliert das so: Das Christentum ist letztlich nichts anderes als *totus Christus*, der „ganze Christus", Haupt und Leib, den man auch den „Christus der Gemeinschaft" nennen kann.

Daher ist es kein Zufall, dass die Mitte des christlichen Glaubens schon immer die Feier der Eucharistie war. Der gekreuzigte Christus bleibt lebendig und gegenwärtig durch die Worte, die er vor seinem Tod über das Brot und den Wein gesprochen hat: „Dies ist mein Leib …, dies ist mein Blut." Vereint an einem Tisch stärken sich die Gläubigen an diesem Leib, der für sie am Kreuz hingegeben wurde und der ihnen jetzt im Sakrament gespendet wird, damit sie für die anderen in der Welt zum Leib Christi werden. Es ist daher auch richtig, dieses Sakrament „hei-

lige Kommunion", also „heilige Gemeinschaft", zu nennen. In der Eucharistie kommt zum Ausdruck, was den
Glauben auszeichnet. Er offenbart sich hier im gemeinschaftlichen Leben mit Gott, durch Christus, der sich für
uns hingab, uns vereint und uns zur Begegnung mit jedem menschlichen Wesen einlädt.

Beschließen wir diese Gedanken mit zwei Zitaten, die unsere Überlegungen gut zusammenfassen. Das erste ist
von Dietrich Bonhoeffer, das zweite von Frère Roger:

„Es geht in der Kirche nicht um Religion, sondern um
die Gestalt Christi und ihr Gestaltwerden unter einer
Schar von Menschen."[6]

„Sind wir uns beim Eintritt ins dritte Jahrtausend ausreichend darüber im Klaren, dass Christus vor zwei-
tausend Jahren nicht auf die Erde gekommen ist, um
eine weitere Religion zu stiften, sondern um jedem
Menschen Gemeinschaft mit Gott anzubieten?"[7]

II – Die Kirche

Fassen wir unsere bisherigen Ergebnisse zusammen: Im letzten Kapitel sind wir von einer soziologischen und äußerlichen Betrachtung des Christentums als einer Religion neben anderen ausgegangen. Nachdem wir dies für unzureichend befunden hatten, haben wir den Glauben als *fortdauerndes Angebot einer allumfassenden Gemeinschaft in Gott* verstanden. Indem Gott durch Jesus Christus – als sein fleischgewordenes Abbild – vollkommen in das Menschsein hineingeht, lädt er alle Menschen dazu ein, an seinem eigenen Leben teilzuhaben. Jene, die diese Einladung annehmen, werden von seinem göttlichen Atem, dem Heiligen Geist, durchdrungen und verwandelt. Diese Teilhabe und Verwandlung verändert auch die Beziehungen der Menschen untereinander. Sie entdecken, dass sie an demselben fortdauernden Leben teilhaben, Mitglieder der einen Menschheitsfamilie oder, wie es der heilige Paulus noch prägnanter ausdrückt, Glieder des einen Leibes sind (vgl. Röm 12,5; 1 Kor 12,12f; Eph 5,30).

Das ist der Grund, warum der christliche Glaube nicht mit menschlichen Kategorien verstanden werden kann. Um ihn richtig begreifen zu können, müssen wir ihn gemäß seinen eigenen Begriffen verstehen. Das führt zu einer anderen Frage: Wie konnte sich solch eine Wirklichkeit *sui generis*, eigener Art, unter menschlichen Bedingungen zeigen? Wenn das Christentum wirklich ein „fortdauerndes Angebot" ist, impliziert das eine historische Dimension: Das Angebot entwickelt sich nach und nach. Es ist also nicht eines Tages wie ein Meteorit vom Himmel gefallen, sondern das Ergebnis einer fortschreitenden Entwicklung. Dieses Kapitel wird also den christlichen Glauben nicht aus synchroner, sondern aus diachroner Perspektive betrachten. Mit anderen Worten: Wir wollen versuchen, den Verlauf nachzuzeichnen, in dem menschliche Wirklichkeiten aufgegriffen und allmählich verwandelt wurden, um in der Geschichte der Menschheit etwas völlig Neues zum Vorschein kommen zu lassen: die einzigartige Gemeinschaft, die sich Kirche nennt.

Ein Volk von Priestern

Schon in seinem Grunddokument bezeugt der christliche Glaube seine besonderen Wurzeln. Die Bibel beginnt nicht mit einem Bericht über ihren Gründer, Jesus von Nazareth, sondern mit der Geschichte eines Volkes, das sich Israel nennt. Von außen betrachtet war Israel ein Volk unter vielen kleinen Nationen, die vor zwei- oder dreitausend Jahren den Nahen Osten bevölkerten. Sein Schicksal hing vor allem vom Zusammenspiel der großen Reiche ab, die mit fast vorhersagbarer Regelmäßigkeit aufstiegen und fielen. In seinem Selbstverständnis hat sich dieses kleine Volk aber nicht als eines unter vielen verstanden, sondern als Träger einer einzigartigen Identität und Sendung. Die Hebräische Bibel, das „Alte Testament" der Christen, erzählt die faszinierende Geschichte eines universalen Gottes, der aus einer Gruppe von Sklaven in Ägypten ein Volk schafft, das nicht so wie die anderen ist (vgl. Num 23,9). Um diesen Vorgang zu beschreiben, sprechen die biblischen Autoren vom *Bund* oder Vertrag Gottes mit denen, die er befreit hat: „Ihr habt gesehen, was ich den Ägyptern angetan habe, wie ich euch auf Adlerflügeln getragen und hierher zu mir gebracht habe. Jetzt aber, wenn ihr auf meine Stimme hört und meinen Bund haltet, werdet ihr unter allen Völkern mein besonderes Eigentum sein. Mir gehört die ganze Erde, ihr aber sollt mir als ein Reich von Priestern und als ein heiliges Volk gehören" (Ex 19,4-6). Israel hat sich also als ein Volk verstanden, das nicht aufgrund ethnischer oder geografischer Faktoren existierte, sondern wegen seiner besonderen Beziehung zur Quelle des Lebens. Für dieses Volk war die Tatsache, ein Volk zu sein, identisch damit, Gottes Volk zu sein.

Die unauflösliche Einheit zwischen unserer Beziehung mit der Quelle des Lebens und unserem Verhältnis zu den Mitmenschen macht das Herzstück der christlichen Botschaft aus und ist bereits in der ältesten Schicht der Bibel verwurzelt. Aber die Einheit dieser beiden Dimensionen geht noch tiefer. Um ihrer von Gott gegebenen Identität als sichtbares Zeichen der göttlichen Gegenwart in der Welt Ausdruck zu geben, sind die Israeliten verpflichtet, auf Gottes Ruf zu hören und sich an seine Gebote zu halten. Die wichtigsten göttlichen Gebote behandeln dabei keine Angelegenheiten, welche die religiöse Praxis oder das Brauchtum betreffen, sondern bestimmen, was es für Israel heißt, ein Volk zu sein. Sie zielen darauf, rechte Beziehungen zwischen den Menschen zu etablieren. Die Zehn Worte (vgl. Ex 20,1-17; Dtn 5,6-22), der Kern des mosaischen Gesetzes, beschreiben eine Gesellschaft, die sich als eine große Familie versteht, als Familie Gottes. In diesem Zusammenhang sind die Gebote nicht als moralistische Vorschriften zu verstehen, die sich an Einzelne richten, sondern als die notwendigen Voraussetzungen, die einen Raum der Gerechtigkeit und Freiheit abstecken, in dem die Entfaltung jedes Einzelnen die Entfaltung aller bedingt.

Wir sehen hier in der Geschichte einer winzigen Nation einen beispiellosen Schritt in der geistigen Entwicklung der Menschheit. Es ist bedauerlich, dass wir aus lauter Gewohnheit nach Jahrtausenden diesen Schritt für selbstverständlich halten. Dabei geht es um die Entdeckung einer neuen Beziehungslogik oder -struktur, um den Wechsel von einer zweidimensionalen zu einer dreidimensionalen Logik, darum, dass die Metapher des Paares der Metapher der Familie Platz macht.[8] Man ehrt die Gottheit nicht direkt, zum Beispiel nicht durch Opfergaben, Gelübde oder andere religiöse Übungen, sondern vor allem dadurch, dass man in rechten Beziehungen mit seinen Nächsten lebt. Umgekehrt wird das Verhältnis zu den Nächsten dadurch bestimmt, dass wir alle Glieder der gleichen Gemeinschaft sind, die sich durch ihre Beziehung zu Gott definiert. Auf dem Weg zu Gott begegnet man gezwungenermaßen anderen Menschen, und umgekehrt ist Gott in den Beziehungen mit anderen Menschen zwangsläufig präsent.

Sicherlich wurde nicht nur in Israel die Verbindung von Religion und Ethik hergestellt; alle großen Traditionen der Menschheit haben dies auf ihre Weise geleistet. Und auch das Volk der Bibel vollzog diesen Schritt nicht über Nacht, sondern hat ihn durch einen jahrhundertelangen Prozess mit vielen Rückschlägen und Versäumnissen errungen. Die großen Propheten Israels haben ständig gegen Auffassungen gekämpft, nach denen der Gottesdienst betrachtet wurde als eine Technik, sich des Wohlwollens der Gottheit zu versichern, und nicht als Ausdruck der Übereinstimmung der eigenen Lebensweise mit dem Willen Gottes. Gegen diese Auffassungen verkündeten sie ihre Überzeugung, dass Gläubige ihre Berufung nur erfüllen können, wenn sie in Solidarität mit ihren Nächsten leben und „aufhören, Böses zu tun und lernen Gutes zu tun, für das Recht sorgen, den Unterdrückten helfen, den Waisen Recht verschaffen und für die Witwen eintreten"

(Jes 1,16f). Nur auf diese Weise können die Gläubigen der ganzen Welt die Identität Gottes vermitteln, oder anders gesagt, ermöglichen, dass der Name Gottes geheiligt wird (vgl. Ez 36,23).

DIE TORA ERFÜLLEN

Als Erbe dieser langen Tradition hatte Jesus nicht die Absicht, sie abzulehnen oder zu verwerfen. „Ich bin nicht gekommen, um [die Tora] aufzuheben, sondern um [sie] zu erfüllen" (Mt 5,17). Dabei ging er unter die Oberfläche der biblischen Bücher in all ihrer Vielfalt und verwies auf das Wesentliche. Als Antwort auf die Frage eines Theologen, was Gott am meisten wünschte („das größte Gebot von allen"), antwortete Jesus mit der Gottes- und der Nächstenliebe (vgl. Mk 12,28-31). Bemerkenswert ist hier, dass eine Frage, die eine einzige Antwort im Blick hatte, eine doppelte Antwort erhält. Dadurch wird deutlich, dass beide Gebote eins sind. Anders gesagt: Für Jesus sind Gottesliebe und Nächstenliebe nicht zwei verschiedene Realitäten, sondern zwei Seiten derselben Medaille. Von diesen beiden Geboten kann das eine nicht gegen das andere ausgespielt oder diesem gegenüber bevorzugt werden. Der „Gott", dem ich begegne, wenn ich mich von den Menschen abwende, ist nicht der lebendige Gott. Andererseits führt echte Sorge um die Menschheit unweigerlich zur Frage nach unserer gemeinsamen Zugehörigkeit, zur Suche nach der gemeinsamen Quelle, die meinen Nächsten wirklich zu einem *Alter Ego* macht, einem anderen Ich-Selbst.

Von allen Büchern des Neuen Testaments ist es vielleicht der Erste Johannesbrief, der die dreidimensionale Logik am besten auf den Punkt bringt: „Nicht darin besteht die Liebe, dass wir Gott geliebt haben, sondern dass er uns geliebt und seinen Sohn als Sühne für unsere Sünden gesandt hat. Liebe Brüder, wenn Gott uns so geliebt hat, müssen auch wir [nicht Gott (in der zweidimensionale Logik), sondern] einander lieben" (1 Joh 4,10f). Und er erklärt: „Wenn jemand sagt: Ich liebe Gott!, aber seinen Bruder hasst, ist er ein Lügner. Denn wer seinen Bruder nicht liebt, den er sieht, kann Gott nicht lieben, den er nicht sieht. ... Wenn wir einander lieben, bleibt Gott in uns und seine Liebe ist in uns vollendet" (1 Joh 4,20.12). Der einzige unfehlbare Beweis dafür, dass wir Gemeinschaft mit dem unsichtbaren Gott haben, ist die aktive Liebe, die wir unseren Mitmenschen zeigen. Mein Bruder oder meine Schwester sind somit ein sichtbares und wirksames Zeichen, das Sakrament der unsichtbaren Gegenwart Gottes.[9]

Diese biblische Auffassung, die im Evangelium Jesu Christi kulminiert, öffnet einer Religionskritik die Tür, die der von Bonhoeffer oder Barth entspricht (s. S. 15f). Sie wirft außerdem eine schwierige Frage auf: Wenn die „Religion" aus Übungen besteht, die eine – unvermittelte – Beziehung zum Göttlichen zum Ausdruck bringen, welchen Platz hat sie dann in einer Welt, in der meine Beziehung zum Ursprung wesentlich von der Art und Weise bestimmt wird, wie ich mit meinen Mitmenschen umgehe? Reicht richtiges Handeln in der Welt nicht aus, um die göttlichen Gebote zu erfüllen? Geht die Theologie nicht in der Anthropologie auf?

Um diese Frage zu beantworten, müssen wir zum Ausgangspunkt zurückkehren: „Wir lieben, weil er uns zuerst geliebt hat" (1 Joh 4,19). Wenn es wahr ist, dass Liebe nur in zwischenmenschlichen Beziehungen greifbar wird, ist es ebenso wahr, dass das, was wir Liebe nennen, entdeckt, empfangen und in unsere Existenz aufgenommen werden muss. Trotz allem, was man denken mag, ist dies keine selbstverständliche Form menschlichen Verhaltens. Was wir kurzerhand Liebe nennen, ist oft ein blasser Abglanz jener Wirklichkeit, die unser menschliches Verstehen übersteigt. „Daran haben wir die Liebe erkannt, dass Er sein Leben für uns hingegeben hat. So müssen auch wir [nicht für ihn (zweidimensionale Logik), sondern] für die Brüder das Leben hingeben" (1 Joh 3,16). Unsere menschliche Großzügigkeit muss ständig verwandelt und bestätigt werden von „der Liebe, welche die Sonne und die anderen Sterne bewegt"[10].

Dementsprechend sagt Jesus in der Bergpredigt, der programmatischen Rede des Matthäusevangeliums, zu seinen Jüngern, dass ihr Handeln anders sein soll als das der religiösen Führer (vgl. Mt 5,20). Die grundlegenden religiösen Handlungen – Almosengeben, Gebet und Fasten – seien nicht wie Schauspieler (*hypokritai*) zu praktizieren, nicht aus Konformität zu einer von außen auferlegten Schablone und auch nicht, um von den Menschen gelobt zu werden (vgl. Mt 6,1-18). Stattdessen sind die Jünger gerufen, ihren „Vater, der im Verborgenen ist" (Mt 6,6.18) zu entdecken. Jesus beharrt auf dem, was wir heutzutage eine persönliche Beziehung mit Gott nennen würden. Er offenbart die Quelle des Lebens nicht als fernen Herrscher, sondern als den Einen, der ein liebender *Abba* (Vater) ist. In ihm kann eine innere Einkehr gefunden werden. Er ist der Eine, mit dem wir ein vertrautes Gespräch des Gebets beginnen können und sollen; er weiß, was wir brauchen und er will es uns geben (vgl. Mt 6,6-8; 7,7-11).

Indem Jesus den Akzent auf die Entdeckung der inneren Dimension richtet, auf das, was die Bibel „Herz" nennt, reduziert er den Glauben nicht auf eine Gesinnung oder eine gute Absicht. Bestand die Stolperfalle seiner Zeitgenossen darin, ihre Religiosität auf eine äußerliche

Konformität zu beschränken, besteht heute die große Gefahr, sie ausschließlich auf eine Innerlichkeit zu reduzieren, nach dem Motto „Es ist egal, was ich tue und in welche Kirche ich gehe, solange mein Herz am richtigen Fleck ist." Jesus besteht auf der untrennbaren Einheit der persönlichen inneren Beziehung mit Gott und dem Verhalten nach außen. Um dies zu beschreiben, verwendet er das einfache, aber vielsagende Bild eines Baumes mit seinen Früchten (vgl. Mt 7,16-20). In Jesu Augen ist es die Beziehung zur Quelle, die es ermöglicht, den Willen des Vaters zu erfüllen (vgl. V. 21). Im Kontext der Bergpredigt bezieht sich die Einladung Jesu „Bittet, dann wird euch gegeben" (Mt 7,7) besonders darauf, „vollkommen zu sein" (Mt 5,48), mit anderen Worten, die Tora zu erfüllen durch eine Liebe, die sich bis zu denen erstreckt, die nicht mit Liebe sondern Hass antworten.[11] Religion wird also nicht aufgehoben, sondern zum Ausdruck einer persönlichen Gemeinschaft mit Gott in Christus. Diese bezieht sich auf die Taten, durch welche die Gläubigen das göttliche Leben, das mit der Liebe, mit Gottes eigenem Atem, identisch ist, in ihre Existenz aufnehmen. Durchdrungen und verwandelt durch diesen Atem, können sie selbst Quellen der Liebe für all jene sein, die ihnen anvertraut sind.

WER IST MEIN NÄCHSTER?

Wenn Jesus dem Gesetz Gottes seinen wahren Platz gibt, indem er es in der dreidimensionalen Logik der göttlichen Liebe zusammenfasst, verkündet er eine radikale Ausweitung derer, denen diese Liebe gilt. In der überlieferten Tradition behielt das zweitgrößte Gebot „Liebe deinen Nächsten wie dich selbst!" eine gewisse Ambiguität, da es die unbeantwortete Frage implizierte:

„Wer ist mein Nächster?" (Lk 10,29). Im ursprünglichen Kontext der Tora wurde der Ausdruck „Nächster" mit „den Kindern des Volkes Gottes" identifiziert, mit anderen Worten: den Israeliten (vgl. Lev 19,18). Der Begriff „Nächster" konnte sich auch auf die eigene Sippe beziehen („dein Bruder": Lev 19,17) oder auf den im Land wohnenden Fremden (*gēr*: Lev 19,34). In der späteren jüdischen Tradition findet man sowohl engere als auch offenere Definitionen von „Nächster". Doch all diese Überlegungen unterteilen die Menschen in zwei Gruppen, wie es in Jesu Auslegung des Gebotes in der Bergpredigt deutlich wird: „Ihr habt gehört, dass gesagt worden ist: *Du sollst deinen Nächsten lieben* und deinen Feind hassen" (Mt 5,43). Die Kommentare weisen unermüdlich darauf hin, dass das Gebot, seinen Feind zu hassen, der aller Wahrscheinlichkeit nach kein persönlicher Feind, sondern ein Gegner der Gottgläubigen und demnach ein Feind Gottes war (vgl. Ps 139,21f), in der Schrift nirgendwo zu finden ist. Auch wenn dies wörtlich genommen stimmt, zeigt Jesus in der Bergpredigt mit dem Finger auf die ewige menschliche Neigung, Menschen in zwei Klassen zu unterteilen und dementsprechend zu handeln. Es gibt die, die auf meiner Seite sind („meine Nächsten") und die anderen („meine Feinde"). Selbst Israels Berufung, für die gesamte Menschheit ein „Volk von Priestern" zu sein, war nicht imstande, diese Tendenz ganz einzudämmen.

In der Bergpredigt erklärt Jesus das Gebot so, dass jede mögliche Zweideutigkeit beseitigt wird:

> „Ihr habt gehört, dass gesagt worden ist: *Du sollst deinen Nächsten lieben* und deinen Feind hassen. Ich aber sage euch: Liebt eure Feinde und betet für die, die euch verfolgen, damit ihr Söhne eures Vaters im Himmel werdet: denn er lässt seine Sonne aufgehen über Bösen und

Guten, und er lässt regnen über Gerechte und Unge-
rechte. Wenn ihr nämlich nur die liebt, die euch lieben,
welchen Lohn könnt ihr dafür erwarten? Tun das nicht
auch die Zöllner? Und wenn ihr nur eure Brüder grüßt,
was tut ihr damit Besonderes? Tun das nicht auch die
Heiden? Ihr sollt also vollkommen sein, wie es auch
euer himmlischer Vater ist" (Mt 5,43-48).

Glaubende sind dazu berufen, sich zu verhalten wie ihr
Gott. Und Jesus betont, dass Gott – anders als die Menschen – niemandem feind ist. Das Neue des Evangeliums
besteht nicht so sehr im Glauben an einen Gott, dessen
Liebe allumfassend[12] ist (vgl. Jes 55,7-9), als vielmehr in
der Überzeugung, dass Menschen in der Nachfolge Jesu
zu einer vorurteilsfreien Sorge für den anderen fähig sind,
wer auch immer er oder sie sein mag.

Diese Sorge zeigt sich besonders deutlich im bekannten
Gleichnis vom barmherzigen Samariter (vgl. Lk 10,25-37).
Nachdem Jesus an das doppelte Liebesgebot erinnert hat,
fordert ein Toragelehrter ihn mit der Frage heraus: „Und
wer ist mein Nächster?" Jesus gibt keine abstrakte Antwort,
nennt nicht eine bestimmte Personengruppe, sondern erzählt eine Geschichte. Eine abstrakte Antwort wäre in dieser Diskussion auch unangebracht gewesen. „Mein Nächster", sagt Jesus, meint die Frau oder den Mann, dem oder
der ich durch mein Verhalten in einem gegebenen Kontext
meine Liebe zeige. So eine Liebe kann sich naturgemäß
nicht auf eine Gruppe von Menschen erstrecken, schon gar
nicht auf die „gesamte Menschheit", sondern nur auf konkrete Individuen. Dass Jesus eine Geschichte erzählt, ist
schon eine erste Antwort auf die Frage nach der Identität
meines Nächsten. Jesus lässt die Wolken der Abstraktion
hinter sich und bringt die Diskussion auf den Boden der
Tatsachen, von der theoretischen auf die praktische Ebene.

Jesus erzählt die Geschichte von drei Männern auf dem Weg zwischen Jerusalem und Jericho. Alle erleben dasselbe: Am Straßenrand liegt ein halbtoter Mann, der das Opfer von Räubern geworden ist. Zwei religiöse Amtsträger gehen einfach vorbei, vermutlich um ihre rituelle Reinheit nicht zu kompromittieren. Der dritte, ein Samariter, bleibt stehen und leistet außerordentlich großzügig Hilfe. In der Frage, die Jesus dem Gelehrten stellt, nachdem er die Geschichte erzählt hat, vollzieht er eine weitere wichtige Umkehrung: „Wer von diesen dreien hat sich als der Nächste dessen erwiesen, der von den Räubern überfallen wurde?" (Lk 10,36). Das Wesentliche liegt für Jesus darin, die Menschheit nicht in „Insider" und „Outsider" aufzuteilen, in „meine Nächsten" und „die anderen", sondern sich zu jedem, der den eigenen Weg kreuzt, als Nächster zu *verhalten*. Der erste Schritt besteht nicht in der Überlegung, ob die Person, mit der ich in Kontakt komme, in eine bestehende Gesellschaftsklasse passt, sei diese religiös, sozial, wirtschaftlich oder wie auch immer. Es geht um die Bereitschaft, das eigene Herz von der Not, mit der ich konfrontiert bin, berühren zu lassen und der Person, die vor mir steht, als einem Nächsten zu begegnen. Ich bin dazu berufen, jedem ein potenzieller Nächster zu sein, besonders dem, der im jetzigen Moment meine Hilfe braucht.

Bis zu den Enden der Erde

Jesus, der in der großen Tradition einer jahrhundertelangen Beziehung zwischen Israel und seinem Gott verwurzelt war, brachte eine neue Perspektive, die „das Gesetz und die Propheten" vollendet hat (Mt 5,17). In ihm kam es zum Anbruch der lang ersehnten und endgültigen Gottesherrschaft in der Welt, wenn auch in rätselhafter und unerwarteter Weise, unergründlich für die, die keine Augen zum Sehen haben (vgl. Mk 4,10-12; 8,14-21). Wir haben festgestellt, dass dieses Einbrechen der Gottesherrschaft sowohl eine engere Verbindung zwischen Gottes- und Nächstenliebe, als auch die Erweiterung der Bezeichnung „mein Nächster" bis zum Äußersten mit sich bringt. Diese neue Lehre Jesu hatte weitreichende Konsequenzen für das Verständnis der Jünger von der Gemeinschaft, zu der sie gehörten.

Das Neue Testament erzählt im Grunde genommen die Geschichte der Entwicklung des Christentums von einer innerjüdischen Bewegung zu einem weltweiten, allumfassenden Phänomen. Gewöhnlich bezeichnet man diese Entwicklung als Geburt einer „neuen Religion". Doch wir haben bereits gesehen, dass der Begriff „Religion" keine hilfreiche Kategorie ist, um das Charakteristische des christlichen Glaubens auszumachen. Die Neuentwicklung scheint für jene, die Jünger Jesu wurden, in einer Verschiebung der Adressatengruppe zu liegen. Diese Verlagerung geschah nicht über Nacht, aber als sie dann eintrat, war sie radikal und beispiellos und fand ihre einzige Rechtfertigung in der Überzeugung, dass für die Menschheit tatsächlich ein neues Zeitalter anbrach. Da wir uns vermutlich an diesen Aspekt des Christentums schon so sehr gewöhnt haben, dass wir uns dieser radikalen Neuheit nicht mehr bewusst sind, scheint es mir wichtig, ausführlich darauf einzugehen.

Rufen wir uns noch einmal in Erinnerung, dass das Volk Israel seine Identität zuallererst nicht aus ethnischen oder geografischen Faktoren herleitet, sondern von einer gemeinsamen Beziehung zu dem Gott, der seine Vorfahren aus der Knechtschaft in die Freiheit geführt und ihnen ein eigenes Land gegeben hat. Dieser göttliche Ruf war nie als

Privileg einer bestimmten Gruppe vorgesehen; wenn Israel ein Volk „für sich, nicht wie die anderen Völker" war (Num 23,9), dann deshalb, um ein „Reich von Priestern und ... ein heiliges Volk" (Ex 19,6) sein zu können, also ein Zeichen der Gottesgegenwart für die ganze Welt, die in einer unbestimmten Zukunft übermäßig Früchte tragen wird. Die Propheten Israels hatten eine Ahnung von einer kommenden Zeit, in der alle Nationen der Erde den einen Gott als die Quelle ihres Lebens anerkennen und so in die Gemeinschaft mit dem Volk Gottes hineingezogen werden:

„Am Ende der Tage wird es geschehen: Der Berg mit dem Haus des Herrn steht fest gegründet als höchster der Berge; er überragt alle Hügel. Zu ihm strömen alle Völker. Viele Nationen machen sich auf den Weg. Sie sagen: Kommt, wir ziehen hinauf zum Haus des Herrn und zum Haus des Gottes Jakobs. Er zeige uns seine Wege, auf seinen Pfaden wollen wir gehen. Denn von Zion kommt die Weisung des Herrn, aus Jerusalem sein Wort. ... So spricht der Herr der Heere: Es wird noch geschehen, dass Völker herbeikommen und die Einwohner vieler Städte. Die Einwohner der einen Stadt werden zur andern gehen und sagen: Wir wollen gehen, um das Angesicht des Herrn zu besänftigen und den Herrn der Heere zu suchen. Auch ich will hingehen. Viele Völker und mächtige Nationen werden kommen, um in Jerusalem den Herrn der Heere zu suchen und den Zorn des Herrn zu besänftigen. So spricht der Herr der Heere: In jenen Tagen werden zehn Männer aus Völkern aller Sprachen einen Mann aus Juda an seinem Gewand fassen, ihn festhalten und sagen: Wir wollen mit euch gehen; denn wir haben gehört: Gott ist mit euch" (Jes 2,2f; Sach 8,20-23).

Eine universale Perspektive war also implizit von Anfang an ein fester Bestandteil des biblischen Glaubens. In Wirklichkeit wurde Israel allerdings für den Großteil seiner Geschichte durch ethnische und politische Kriterien definiert und auch in seiner Selbstwahrnehmung als ein Volk unter vielen betrachtet. Es gab sicherlich immer einen Grad der Osmose mit benachbarten Völkern: Ausländische Einwohner, durch Mischehen eingegliederte Fremde und später Proselyten und Sympathisanten (sog. „Gottesfürchtige") schlossen sich mit denen zusammen, die in das jüdische Volk hineingeboren worden waren. Aber hierbei handelte es sich hauptsächlich um Randphänomene, denn es gab keinen ausdrücklichen Aufruf dazu, die Grenzen des erwählten Volkes auszudehnen.

In der Zeit nach Jesus von Nazareth erlebte diese Situation eine radikale Wandlung. Jesu Leben und Lehre rissen alle Barrieren ein, die Menschen voneinander trennten; in ihm streckte Gott seine Hand aus und rief alle, die seinen Weg kreuzten, zur Gemeinschaft.[13] Das ließ heikle Fragen aufkommen. Was sollte mit den Nicht-Juden geschehen, die sich von der Person und Botschaft Jesu angezogen fühlten? Sollten sie zuerst in das auserwählte Volk integriert und erst dann als Glieder der vollen Gemeinschaft der Nachfolger Christi akzeptiert werden? Wenn nicht: Was bedeutete das dann für die jüdischen Jünger Jesu und deren eigene religiöse Zugehörigkeit? Da befriedigende Antworten zu diesen Fragen nicht bereit lagen, überrascht es nicht, dass es für die Mitglieder der „Jesus-Bewegung" einige Zeit dauerte, bis sie ihren Weg in dieser Hinsicht deutlich sahen.

Es ist der zweite Teil der lukanischen Erzählung über die Anfänge des Christentums, die sogenannte Apostelgeschichte, welcher diese Entwicklung am ausführlichsten thematisiert. Darin sehen wir, dass das Evangelium, unabhängig vom Willen der frühen Christen und sogar meistens entgegen ihrer bewussten Absichten, fortwährend sowohl geografisch als auch soziologisch expandierte. Es verbreitete sich von „Jerusalem nach ganz Judäa und Samarien und bis an die Grenzen der Erde" (Apg 1,8), was für Lukas hauptsächlich Rom bedeutete, die Hauptstadt des Reiches, von wo aus ein neuer Anfang möglich war. Zur gleichen Zeit wurde der Kreis der Empfänger der Botschaft von palästinensischen aramäisch sprechenden Juden zu griechisch sprechenden Juden, Samaritanern und Gottesfürchtigen, schließlich zu Heiden jeder Couleur erweitert, da „Gott nicht auf die Person sieht, sondern dass ihm in jedem Volk willkommen ist, wer ihn fürchtet und tut, was recht ist" (Apg 10,34f).

Das vielleicht auffälligste dieser Ausdehnung ist wohl ihre spontane und unreflektierte Art und Weise. Die Jünger werden nicht durch Überlegungen oder Entscheidungen, sondern durch den Druck von Ereignissen angespornt, die an sich oft negativ sind. Indem er diesen Aspekt hervorhebt, will Lukas darauf hinweisen, dass nicht menschliche Berechnung, sondern der Geist Gottes[14] die bewegende Kraft hinter der Ausbreitung des Evangeliums ist. In der Kreuzigung Jesu wird deutlich (vgl. Apg 2,23f), dass Gott aus dem menschlichen Bösen ein größeres Gut hervorbringen kann.

So ist die „große Verfolgung" in Jerusalem nach dem Märtyrertod des Stephanus der Grund dafür, weshalb die Jünger in ganz Judäa und Samarien versprengt werden (vgl. Apg 8,1). Der Diakon Philippus ergreift die Gelegenheit, um in Samarien „den Christus zu verkünden" und dort Konvertiten zu gewinnen. Kurz darauf wird er dazu angeregt, einen äthiopischen Hofbeamten zu treffen, der mit der jüdischen Religion sympathisiert, und macht ihn zu einem Jünger Jesu (Apg 8). Diese kleinen Schritte des

Evangeliums außerhalb Israels sind der Auftakt des Hauptereignisses, das in den Kapiteln 10 und 11 dargestellt wird und dessen Protagonist der Apostel Petrus ist.

Petrus besucht verschiedene Gruppen von Gläubigen in der ganzen Region (vgl. Apg 9,32). In Joppe hat er eine Vision, die für einen praktizierenden Juden wie ihn äußerst schockierend ist: Ihm wird befohlen, die koscheren Gesetze zu missachten und Tiere zu essen, die als unrein betrachtet werden. Diese Vision führt ihn zum Haus des römischen Hauptmanns Cornelius, eines Gottesfürchtigen, der seinerseits eine Vision hatte, die ihm den Besuch des Petrus ankündigte. Petrus wird also angeregt, die Frohe Botschaft den Heiden zu verkünden, die sofort die Kraft des Heiligen Geistes spüren und sich taufen lassen. Als Petrus nach Jerusalem zurückkehrt, muss er sein unübliches Verhalten vor der Gemeinde erklären, die schließlich zu der Überzeugung kommt, dass Gott in der Tat eine neue Tür geöffnet hat:

> „Petrus sagte: ‚Wenn nun Gott ihnen, nachdem sie zum Glauben gekommen sind, die gleiche Gabe verliehen hat wie uns: wer bin ich, dass ich Gott hindern könnte?' Als sie das hörten, beruhigten sie sich, priesen Gott und sagten: ‚Gott hat also auch den Heiden die Umkehr zum Leben geschenkt'" (Apg 11,17f).

Von nun an haben Nicht-Juden das gleiche Recht, die christliche Nachricht zu hören und ihr zu antworten wie Juden. Der Weichensteller dieses Unterfangens war allerdings nicht Petrus, sondern Paulus, früherer Pharisäer und Christenverfolger, der von Gott berufen wurde, Christi „Namen vor Völker und Könige und die Söhne Israels zu tragen" (Apg 9,15). Es ist richtig, dass auch Paulus zunächst beabsichtigt, die Frohe Botschaft nur den Juden zu verkünden, sich aber angesichts deren Verweigerung den Heiden zuwendet:

„Paulus und Barnabas erklärten freimütig: ‚Euch musste das Wort Gottes zuerst verkündet werden. Da ihr es aber zurückstoßt und euch des ewigen Lebens unwürdig zeigt, wenden wir uns jetzt an die Heiden. Denn so hat uns der Herr aufgetragen: Ich habe dich zum Licht für die Völker gemacht, bis an das Ende der Erde sollst du das Heil sein.'" (Apg 13,46f; vgl. 18,5f; 28,23-28).

Wieder einmal offenbart sich ein scheinbares Hindernis als schicksalhaft für die Verbreitung des Evangeliums. Das Spiel ist allerdings noch nicht zu Ende. Der Beschluss, Nicht-Juden zu erlauben, vollwertige Jünger Jesu zu werden, ohne vorher Mitglieder des jüdischen Volkes werden zu müssen, ist so revolutionär, dass er eine offizielle Bestätigung durch die christliche Führungsriege benötigt. Dieser Vorgang wird in Kapitel 15 der Apostelgeschichte erzählt und ist als Apostelkonzil oder -konvent in Jerusalem bekannt. Lukas berichtet, wie Petrus und Jakobus sich als Repräsentanten zweier verschiedener Richtungen zeigen, obwohl sie von gleichen Voraussetzungen ausgehen. In ihrem Abschlussbrief verwenden die Apostel die gewagte Formulierung: „Der Heilige Geist und wir haben beschlossen, euch keine weitere Last aufzuerlegen als diese notwendigen Dinge ..." (Apg 15,28). Diese Formel ist kein Versuch, sich die Autorität anzumaßen, im Namen Gottes zu sprechen, sondern gerade das Gegenteil: die Anerkennung, dass der Geist Gottes Menschen oft in eine Richtung leitet, die sie sich niemals hätten erträumen können.

Von da an war – trotz vorübergehender Rückschläge – für das Evangelium der Weg frei, aus Palästina und Kleinasien aufzubrechen und nach Europa überzusetzen (vgl. Apg 16,9f), um Athen (17,15ff) und Korinth (18,1ff) und schließlich Rom zu erreichen. Die Ankunft der christlichen Botschaft in Rom wird von Lukas als Ergebnis zufälliger Ereignisse dargestellt, die in Wirklichkeit aber Zeichen göttlichen Eingreifens sind: Als Paulus gezwungen wird, vor dem römischen Strafgericht in Palästina zu erscheinen, nimmt er als römischer Bürger sein Recht wahr, sich an den Kaiser zu wenden (25,11f). Dies erfordert eine lange Reise, die eigentlich unnötig ist, da der König und der Statthalter ihn bereits freigesprochen haben (26,30-32). Darüber hinaus ist der Weg nach Rom von vielen Bedrängnissen begleitet. Inmitten eines Seesturms wird der Apostel jedoch von einem göttlichen Boten ermutigt: „Fürchte dich nicht, Paulus! Du musst vor den Kaiser treten. Und Gott hat dir alle geschenkt, die mit dir fahren" (27,24). Auch hier ist es Gott, der für die Ereignisse verantwortlich ist und sogar von Widerständen und Hindernissen Gebrauch macht, damit vom Zentrum der *oikoumene*, der bewohnten Erde, die Verkündigung des Reiches Gottes und der Lehre Jesu „ungehindert und mit allem Freimut" (28,31) geschehen kann. Trotz der relativ kleinen Zahl seiner Anhänger war das Christentum bereits eine weltweite Wirklichkeit.

EINHEIMISCHE UND DENNOCH FREMDE

Die Einzigartigkeit der Lehre Jesu von Nazareth gab somit Anlass zu einer neuen Form zwischenmenschlicher Beziehungen, die sich, trotz vordergründiger Ähnlichkeiten, von denen anderer Gruppen grundlegend unterschieden. Wie die Tora Israels war diese Lehre von Natur aus gemeinschaftsbildend. Die Tatsache, dass die

Gläubigen sich als Mitglieder einer Familie, nämlich der Familie Gottes, betrachteten, war keine Nebensächlichkeit, sondern ein wesentlicher Ausdruck ihres Glaubens. In diesem Sinne unterschied sich die frühe Kirche von anderen religiösen Gemeinschaften, die vor unserer Zeitrechnung im Römischen Reich aufkamen. Andererseits wurde für die Christen ihre Zusammengehörigkeit, im Gegensatz zu Israel, nie durch ethnische oder politische Bindungen definiert. Die universelle Anziehungskraft ihres Glaubens war für alle offensichtlich.

Es kann nicht geleugnet werden, dass eine Reihe äußerer, historischer Faktoren in hohem Maße zum Erfolg der neuen Bewegung beitrugen. Etwas – nach menschlichem Ermessen – so vollkommen Neues brauchte die richtigen Bedingungen, um sich entfalten zu können. Aus theologischer Sicht wäre es gewiss nicht falsch, von göttlicher Vorsehung zu sprechen. Wie auch immer: Es ist klar, dass der christliche Glaube sogar in seinen Sozialstrukturen ein vollkommen inkarnatorisches Phänomen war, und zwar in dem Sinn, dass er sich selbst im Zusammenspiel mit zeitgeschichtlichen Realitäten verstand.

Da war zunächst die *pax romana*, die in den Jahren kurz vor der Geburt Christi ihren Anfang nahm und jahrhundertelang bestand. Die gesamte Welt des Mittelmeerraums war unter einer gemeinsamen Regierung vereint, die lokale Bräuche respektierte, solange sie die römische Vormachtstellung nicht infrage stellten. Darüber hinaus begünstigte die Tatsache, dass Israel jahrhundertelang kein unabhängiger Staat gewesen war, die Ausbreitung des Judentums im ganzen Reich. Die meisten Juden lebten in der Diaspora, was der Institution der Synagoge eine Bedeutung gab, die sie in Palästina, wegen der leichten Zugänglichkeit des Tempels, nie hatte. Die Sozialstruktur des damaligen jüdischen Volkes als ein internationales

Netzwerk von Gemeinden ohne politische Unabhängigkeit, war für die aufkeimende „Jesusbewegung" ein naheliegendes Vorbild. Und als – infolge der Jüdischen Kriege 70, 115 und 135 n. Chr. – nationalistische Elemente innerhalb der jüdischen Welt in den Vordergrund rückten und zum Verlust des Ansehens dieses Glaubens innerhalb des Reiches beitrugen, hielten die Christen das universalistische jüdische Erbe am Leben und profitierten davon.

Gleichzeitig begünstigten die Dekadenz des alten griechisch-römischen Heidentums und das Erwachen einer umfassenden und tief sitzenden Angst die Offenheit gegenüber neuen religiösen Vorstellungen, insbesondere aus dem Osten kommenden Kulten. Der christliche Glaube passte zumindest auf den ersten Blick ohne Mühe in diese Kategorie der Religionen, denen es um das persönliche Heil ging, und er besaß zudem den Vorteil, in der jahrhundertealten Geschichte Israels verwurzelt zu sein. So brachte er auf einzigartige Art und Weise antike Weisheit und zeitgemäße Antworten auf die spirituelle Suche zusammen. Ebenso ging er mit seiner Spiritualität, „in der Welt, aber nicht von der Welt" zu sein, einen Mittelweg zwischen totaler und selbstmörderischer Ablehnung der umgebenden Gesellschaft und einer völligen Assimilation, die zu einem Verlust seiner einzigartigen Identität geführt hätte. Und schließlich brachte er, durch seine Betonung des intensiven Gemeinschaftslebens, die religiösen und sozialen Dimensionen der Existenz effektiver zusammen als viele seiner Konkurrenten.[15]

Der Geist Jesu, der für Christen der Geist Gottes ist, der das Werk der Schöpfung weiterführt, prägte nach und nach eine beispiellose Form sozialer Zusammengehörigkeit. Diese kann unterschiedlich beschrieben werden: als Volk, das aber nicht auf ethnischen oder geografischen Bindungen gründet; oder als Familie, aber eine weltweite, mit Gott als ihrem Haupt. Sie kann auch mit dem menschlichen Leib und seinen vielen Gliedern verglichen werden, jedoch in einer Weise, die weit über diese Metapher hinausgeht, da dieser Leib der Leib Christi selbst ist, in anderen Worten: seine fortdauernde reale Gegenwart in der Menschheitsgeschichte (s. S. 28ff). Solch eine Beschreibung des „Christlichen Gemeinwesens" gemäß der Logik „ähnlich, aber in Wirklichkeit anders" zeigt sich am deutlichsten in einem außergewöhnlichen Text aus den ersten Jahrhunderten des Christentums, dem *Diognetbrief*:

„Die Christen unterscheiden sich weder hinsichtlich ihrer Heimat noch durch Sprache und Sitten von den anderen Menschen. Weder wohnen sie irgendwo in eigenen Städte, noch verwenden sie eine abweichende Sprache, und sie führen auch kein abgesondertes Leben. Ihre Lehre ist keineswegs das Ergebnis von Einbildung oder scharfsinnigen Überlegungen vorwitziger Menschen; sie machen sich auch nicht zum Kämpfer für eine menschliche Lehre wie manche andere. Sie wohnen in griechischen und nichtgriechischen Städten, wie es das Schicksal einem jeden beschieden hat; dabei folgen sie den einheimischen Bräuchen in Kleidung, Nahrung und der übrigen Lebensweise, legen dabei aber einen wunderbaren und anerkanntermaßen überraschenden Lebenswandel als Bürger an den Tag. Sie wohnen in ihrem jeweiligen Vaterland, freilich so wie fremde Ansässige; sie erfüllen alle Aufgaben eines Bürgers und nehmen alle Lasten auf sich wie Fremde. Jede Fremde ist ihnen Vaterland, und jedes Vaterland ist ihnen Fremde. Sie heiraten wie alle und zeugen Kinder, setzen aber die Neugeborenen nicht aus. Den Tisch haben sie alle gemeinsam, nicht aber das Bett. Sie sind im Fleische, aber sie leben nicht nach dem

Fleisch. Sie leben auf der Erde, doch sie sind Bürger des Himmels. Sie gehorchen den bestehenden Gesetzen und überbieten die Gesetze durch ihren Lebenswandel. Sie lieben alle und werden von allen verfolgt. Sie werden verkannt und verurteilt, sie werden getötet und gewinnen dadurch das Leben. Arm sind sie und machen doch viele reich; an allem leiden sie Mangel, und zugleich haben sie Überfluss an allem. Missachtet werden sie und in der Missachtung gerühmt; geschmäht werden sie und doch für gerecht befunden. Gekränkt werden sie, doch sie segnen; verhöhnt, doch sie erweisen anderen Ehre. Obwohl sie Gutes tun, werden sie wie Übeltäter bestraft; mit dem Tode bestraft, freuen sie sich, als ob sie zum Leben geboren würden. Von den Juden werden sie angefeindet wie Fremde, von den Griechen zur Strecke gebracht; aber einen Grund für ihre Feindschaft vermögen die Hasser nie zu nennen" (5,1–17).

Der unbekannte Autor schließt mit seinem eigenen Lieblingsbild: „Was die Seele für den Leib ist, das sind die Christen in der Welt" (6,1), fundamental anders als die menschliche Gesellschaft, aber dennoch untrennbar mit ihr verbunden.

Eine katholische Gemeinschaft

Der Begriff, der schließlich von den Nachfolgern Jesu gewählt wurde, um ihr gemeinsames Leben zu beschreiben, war das griechische Wort *ekklesia*, welches in der lateinischen Sprache übernommen wurde und schließlich zu *église, chiesa, iglesia, igreja* in den romanischen Sprachen wurde.[16] Die ursprüngliche Bedeutung des Wortes, „Herausgerufene", bezieht sich auf eine offizielle Zusammenkunft von Personen, die beratschlagen und Gesetze erlassen, wie dies insbesondere in den Bürgerversammlungen der griechischen Stadtstaaten der Fall war. In der griechischen Version der hebräischen Bibel wurde der Begriff verwendet, um das hebräische Wort *qahal*, die von Gott vorwiegend zum Gebet (vgl. Dtn 31,30; 1 Kön 8,14.22.55) berufene Versammlung Israels zu übersetzen. Der Ausdruck betont also, dass die Gläubigen durch einen gemeinsamen Ruf Gottes vereint sind. Er beschreibt weniger eine statische „Institution" mit dauerhaften Strukturen als vielmehr eine dynamische Wirklichkeit, eine „Gemeinde", die zur Erfüllung einer bestimmten Aufgabe zusammenkommt: ein sichtbares Zeichen, ein Symbol der Gegenwart Gottes im Herzen der Menschheitsgeschichte zu sein.

Obwohl der Ausdruck *ekklesia* in erster Linie bedeutet, dass wir alle von Gott berufen und zusammengerufen sind, sieht die Wirklichkeit etwas komplizierter aus. Wenn die Gemeinschaft der Gläubigen Zeichencharakter hat, bedeutet dies, dass Gottes Ruf zum Großteil durch die Vermittlung von Menschen geschieht. Meist kommen Christen durch Christen, die vor ihnen waren, zu Christus (vgl. Joh 1,41f.45f; 4,28-30). Sie erfahren göttliche Liebe und Vergebung durch das Zeugnis engagierter Christen; dank christlicher Eltern und Lehrer lernen sie etwas über das Evangelium und können es tiefer verstehen; durch den Empfang der mit den Priestern gefeierten Sakramente werden sie in die Glaubensgemeinschaft eingegliedert. In der Praxis ist die Kirche deshalb sowohl die von Christus zusammengerufene Gemeinschaft als auch die Gemeinschaft, mittels der Christus andere ruft. Hier sehen wir eine weitere Konsequenz der inkarnatorischen Natur des christlichen Glaubens: Zwischen dem Wirken Gottes und der Tätigkeit von Menschen, die durch Gottes Geist verwandelt wurden, kann keine verbindliche Grenze gezogen werden, da sie sich nicht auf einer Ebene befinden. Gott bringt mithilfe derer, die seinem Ruf schon geantwortet haben und ihn zu einer Wirklichkeit in ihrem Leben machen wollen, immer mehr Menschen in (s)eine Gemeinschaft.[17]

Die christliche Gemeinschaft der Kirche ist auch in anderer Hinsicht eine einzigartige Form menschlichen Zusammenseins. Ihre verschiedenartigen lokalen Erscheinungsformen sind nicht bloß Teile des Ganzen, Puzzlestücke, sondern vielmehr potenziell vollkommene und authentische Ausdrücke dieses Ganzen. Wenn sich die christliche Kirche an jedem Ort um ihren Pfarrer versammelt – und dies geschieht musterhaft in der Feier der Eucharistie –, wenn sie dabei nicht nur sich selbst zugewandt bleibt, sondern in Gemeinschaft mit allen anderen Kirchen steht, repräsentiert sie nicht, um das Bild des Leibes wieder aufzugreifen, nur einen Teil des Leibes, wie etwa einen Arm oder Fuß, sondern stellt vielmehr als Mikrokosmos den ganzen Leib dar. Wenn wir das Bild des menschlichen Körpers beibehalten, ist folgende Analogie vielleicht hilfreich: Jede Ortskirche ist wie eine Zelle, die in sich alle Gene enthält, welche – sollte es Anlass dazu geben – als Bauplan zur Neubildung des ganzen Leibes werden können. Wir können uns auch die Sonne vorstellen, die in einer Vielzahl von Regentropfen widergespiegelt wird. In jeder Ortsgemeinde ist die ganze Kirche an einem bestimmten Ort vergegenwärtigt, vorausgesetzt sie bleibt in Verbundenheit mit all denen, die ein und denselben Glauben bezeugen.

Der Begriff, der traditionell verwendet wird, um diese Einzigartigkeit der christlichen Kirche auszudrücken, ist das Wort *katholisch*. Leider wird dieser Begriff heute entweder als Name eines Teils des christlichen Volkes – und zwar der Kirchen, die in voller Gemeinschaft mit dem Bischof von Rom stehen – oder aber als Hinweis auf die geografische Universalität des auf der ganzen Welt verbreiteten Christentums verwendet. Trotz einer weit verbreiteten Fehlannahme ist das Wort *katholisch* jedoch nicht einfach ein Synonym für weltweit oder universal. Die Kirche wird in erster Linie deshalb katholisch genannt – von dem griechischen Ausdruck *kath'holou*, „das Ganze betreffend" –, weil sie in ihrer eigentlichen Beschaffenheit das Gegenteil einer Sekte ist. Wie klein und begrenzt die konkrete Erscheinungsform einer bestimmten Gemeinde auch ist, Christus ist in ihr gegenwärtig und somit sind alle menschlichen Aufspaltungen und Schranken überwunden. Sie ist das wirkmächtige Zeichen einer Einheit, die alle Verschiedenheit in einer gemeinsamen Zugehörigkeit versöhnt. Abermals ist es vor allem die Feier der Eucharistie, die dieses Zeichen in vollem Umfang offenkundig macht. Die geografische Ausdehnung des Christentums ist nur eine der äußeren und sichtbaren Folgen dieser spezifischen Eigenschaft jeder wahren christlichen Gemeinde: Weil sie Christus gegenwärtig macht, den Einen, in dem alle Schöpfung in Einheit mit Gott und somit in Einheit mit sich selbst gebracht wird, tendiert sie von ihrem Wesen her dazu, allumfassend zu sein.[18]

Gleichzeitig leidet die Kirche, wie jede verleiblichte Glaubenswirklichkeit, an einer Kluft zwischen ihrer grundlegenden Identität und ihrem äußeren Auftreten. Über die Jahrhunderte wurde sie von den Wechselfällen der Geschichte beeinflusst. Ihre historische Erscheinungsform bewegte sich kontinuierlich zwischen zwei Extremen, von denen beide, wenn sie exklusiv wurden, der Einzigartigkeit der Kirche einen Todesstoß versetzten. Zu bestimmten Zeiten, wenn es menschlich betrachtet erfolgreich war und die Anerkennung der Herrscher und der breiten Öffentlichkeit genoss, lief das Christentum Gefahr, zur offiziellen Staatsreligion zu werden. In einem solchen Fall verschwamm die Unterscheidung zwischen der Kirche und der bürgerlichen Gesellschaft und der Zeichenwert der christlichen Gemeinschaft, sein Ruf, die Absolutheit Gottes inmitten der Menschheitsgeschichte widerzuspiegeln, wurde ernsthaft geschädigt.

In solchen Momenten kam es zu heilsamen Reaktionen der letzten Funken eines Glaubens, der sich in großem Ausmaß der Welt angepasst hatte. Einzelne und ganze Gruppen entdeckten den prophetischen Charakter des Christentums, seine Berufung zu einem neuen Leben, das sich von den Werten einer auf Gewalt und Habgier gründenden Gesellschaft fundamental unterschied. Indem sie zu den Wurzeln des biblischen Glaubens zurückkehrten, setzten sie in ihrer eigenen Existenz die Antwort ihres Vorfahren Abraham wieder in Kraft, welcher dem Ruf Gottes folgte: „Zieh weg aus deinem Land, von deiner Verwandtschaft und aus deinem Vaterhaus in das Land, das ich dir zeigen werde" (Gen 12,1). Manchmal war dieser Exodus ein geografischer, wie bei jenen als Wüstenväter und -mütter bekannten, die im 4. Jahrhundert in Ägypten ihre Städte verließen, um in der Wüste zu leben. In anderen Fällen lebten die Gläubigen weiterhin inmitten der Gesellschaft, gaben aber ihrer Besonderheit durch einen bestimmten Lebenswandel Ausdruck, wobei sie sich in gewisser Weise am Beispiel der frühen Christengemeinden orientierten.

Der ursprüngliche Antrieb dieser Gruppen war oft wirklich evangeliumsgemäß, nämlich die Auffassung, dass es zum Glauben an Jesus gehört, den „weiten Weg, der ins Verderben führt" zu verlassen für den „schmalen Weg und das enge Tor, das zum Leben führt" (Mt 7,13f), dennoch war ihre Existenz nicht problemlos. Die christlichen Gemeinden, denen wir im Neuen Testament begegnen, hatten trotz ihrer kleinen Mitgliederzahl und ihres geringen Einflusses eine universale Perspektive. Sie waren Träger einer unbeschränkten Gemeinschaft, Senfkörner, die zu einer großen Pflanze werden sollten. Gruppen innerhalb der christlichen Welt, die den radikalen Ruf des Evangeliums wiederentdeckten, folgten später einem anderen Weg. Sie tendierten oft dazu, sich von der Großkirche abzuspalten, entweder durch bewusste Entscheidung oder wegen des Unverständnisses und der Ablehnung der Mutterkirche oder auch durch eine Kombination von beidem. Dadurch liefen sie Gefahr, in ihre Identität ein Element der Ablehnung aufzunehmen, sich selbst gegen andere Christusgläubige zu stellen. Statt ein Zeichen der universalen Gemeinschaft mit Gott zu sein, liefen sie Gefahr, sich als Rest wahrer Glaubender in einer feindlichen Welt zu verstehen. Dann konnte eine defensive, sektiererische Einstellung oder zumindest eine Rechtfertigung von Spaltungen auf der Basis einer gewissen dogmatischen Reinheit spürbar werden.

Auch hier führte authentischer Glaube zu heilsamen Reaktionen. Die ökumenische Bewegung des 20. Jahrhunderts ist dafür ein bemerkenswertes Beispiel. Christen begannen immer mehr und stärker zu spüren, dass der Zustand ihrer Trennung, den sie jahrhundertelang selbstverständlich hingenommen hatten, das schlagendste Argument gegen die Wahrheit ihrer eigenen Behauptungen war. Wie konnten jene, die an einen Gott der Liebe glaubten, der alle Menschen zu einer vertrauten, sich in einer allumfassenden Zugehörigkeit konkretisierenden Beziehung berief, mit gutem Gewissen gegenseitige Exkommunikationen im Namen ihres Gründers rechtfertigen? „Alle sollen eins sein …, damit die Welt glaubt" (Joh 17,21):

Diese Worte, die Jesus kurz vor seinem Tod sprach, machen deutlich, dass jede Form vordergründiger Rechtfertigung konfessioneller Erklärungen aufhören muss, wenn seine Anhänger ihrer Sendung treu bleiben wollen.

Die Untersuchung dieser beiden Extrempositionen, die den einzigartigen Charakter des Christentums infrage stellen, hat den Vorteil, dass sie uns in die richtige Richtung weist, wenn sie auch keinen unfehlbaren Weg aufzeigt. Sie skizziert die Aufgabe, die vor uns liegt: Können wir uns eine Kirche vorstellen, die eine kritische Distanz zu den Mächten der Welt beibehält, ohne das Wohlergehen der gesamten Menschheit zu vernachlässigen? Eine Kirche, die starke gemeinschaftliche Beziehungen zwischen ihren Mitgliedern fördert, während sie gleichzeitig für alle offen ist? Eine Kirche, die sich, obwohl sie ein zu den Werten des Großteils der Gesellschaft alternatives Evangelium anbietet, nicht selbstgerecht als eine kleine Gruppe der „Reinen" betrachtet? Eine Kirche, die, kurz gesagt, weder eine Sekte ist noch in der Welt aufgeht, sondern der Ort ist, an dem der Sauerteig des Evangeliums versucht, den menschlichen Teig in all seiner Härte zu durchdringen, an dem eine allumfassende Nächstenliebe zu einem greifbaren Lebensgrundsatz wird?

Um eine mögliche Antwort auf diese Fragen geben zu können, wollen wir uns zunächst einer Betrachtung des Themas Freundschaft zuwenden.

III – Freundschaft

Wenn die göttliche Liebe das Herzstück christlichen Glaubens ausmacht und wenn diese Liebe im Aufbau einer Gemeinschaft, in der wir einander lieben, wie Gott uns geliebt hat, konkrete Gestalt annimmt, dann ist es unerlässlich, die Merkmale dieser Liebe genauer zu untersuchen.

Das Wort „Liebe" ist facettenreich; es erfasst äußerst verschiedene Gegebenheiten. Wir lieben Gott, unsere Mutter, unsere Katze, Fußball und Pizza. In seiner viel gerühmten Studie zu diesem Thema unterschied der bekannte christliche Denker C. S. Lewis vier verschiedene Arten der Liebe: *storge* oder Zuneigung, *philia* oder Freundschaft, *eros* oder Verlangen, *agape* oder Caritas.[19] Von den ersten drei hat er Freundschaft als die am wenigsten „natürliche" aufgefasst, womit er meinte, dass diese nicht so deutlich wie die anderen ein angeborenes Bedürfnis des Menschen erfülle und deshalb am ehesten eine rationale oder spirituelle Komponente besäße. Interessanterweise glaubte er, dass es genau diese „spirituelle" Eigenart der Freundschaft sei, die sie am wenigsten dazu fähig mache, Glaubenswirklichkeiten auszudrücken; sie sei dem Glauben so nah und gleichzeitig davon verschieden, was zu Verwirrung führen könnte.

Nichtsdestotrotz räumte Lewis ein, dass Kameradschaft „der Mutterboden der Freundschaft"[20] sei, und es wäre gewiss nicht falsch, die Wurzeln von dem, was wir Freundschaft nennen, in der geselligen Natur menschlichen Lebens zu platzieren. „Es ist nicht gut für den *adam*, dass er allein ist", sagt Gott am Anfang der Bibel (Gen 2,18).

Wenn wir wirklich dafür geschaffen sind, in Gesellschaft mit anderen unserer Art zu leben, kann Freundschaft als eine besonders deutliche Form dieses Lebens mit anderen betrachtet werden.

In Lewis' Auffassung ist es ein besonderes Charakteristikum von Freundschaft, dass sie ihre Wurzel in der Entdeckung eines gemeinsamen Interesses zweier Menschen hat, das beide übersteigt. Dies stellt er prägnant durch einen Vergleich mit *eros* dar: „Liebende reden miteinander dauernd über ihre Liebe – Freunde kaum jemals über ihre Freundschaft. Liebende sitzen normalerweise gegenüber, ineinander versunken – Freunde Seite an Seite, versunken in ein gemeinsames Anliegen."[21] Freundschaft übersteigt die Beteiligten; sie interessiert sich nicht um des anderen willen für ihn. Diese Auffassung ist verständlicherweise von Lewis' eigener Erfahrung beeinflusst. Was er als seine älteste und treueste Freundschaft betrachtete, die mit einem gewissen Arthur Greeves, basierte auf der gemeinsamen Faszination für Mythos und Fantasie; in anderen Bereichen hatten die beiden weit weniger gemeinsam. Später äußerte sich seine Vorstellung von Freundschaft vor allem in der Gründung der „Tintenkleckser" (Inklings), einer informellen Gruppe, die sich wöchentlich in einer Kneipe in Oxford traf, um die Werke ihrer Mitglieder zu lesen und verwandte Themen zu diskutieren.

Man hat den Eindruck, Lewis' Verständnis von Freundschaft sei ein wenig eigentümlich. Nicht alle werden darin übereinstimmen, dass das Bild zweier Individuen mit gemeinsamem Zeitvertreib oder Hobby die beste Art ist, Freundschaft zu beschreiben. Sind die meisten Leute nicht genauso an der *Person* ihres Freundes interessiert wie an gemeinsamen Interessen und zwar mehr als der Dozent aus Oxford zugeben würde? Sicherlich scheint Lewis' eigenes Leben dies zu bestätigen. Doch mit seinem

Einspruch verweist er auf ein bestimmtes Merkmal der Liebe zwischen Freunden, das für unsere Zwecke besonders interessant ist. Er teilt es mit keinem anderen als dem großen Philosophen Aristoteles, für den Freundschaft auf *koina*, auf Gemeinsamem, oder *koinonía*, einer Gemeinsamkeit der Interessen, dem Miteinander-Teilen, basiert. Aus diesem Grund ist Freundschaft von ausgesprochen dreidimensionaler Art und entspricht somit äußerst gut dem biblischen Verständnis vom Wesen menschlicher Beziehungen.[22]

FREUNDSCHAFT IM LAUFE DER GESCHICHTE

In der Antike war Freundschaft eine vornehme und zuweilen kosmische Angelegenheit.[23] Der klassisch-römische Schriftsteller Cicero schrieb im 1. Jh. v. Chr. ein einflussreiches Werk über das Thema, welches später ein großes Echo fand. Ihm ging es um ideale Beziehungen zwischen wohlhabenden Bürgern, die nicht auf den eigenen Bedürfnissen oder dem Profit gründeten, sondern um ihrer selbst willen gepflegt wurden. Ein Freund war ein *alter ego*, ein anderes Selbst, mit dem man geistige Freude finden konnte, indem man die intimsten Dinge miteinander teilte. Ein entscheidendes Merkmal solcher Freundschaften waren Loyalität und Treue (*fides*). Die erforderliche Investition von Zeit und Energie schien eine zu weite Ausweitung des Kreises auszuschließen. Auf einer theoretischeren und durchaus utopischen Ebene, die man in gewissem Sinne als Vorwegnahme der christlichen Perspektive ansehen kann, stellten die stoischen Philosophen sich die ideale Gesellschaft als „Freundschaft der Weisen" vor. Schon früher sprach der griechische Philosoph Empedokles von der *philía* als einer „Kraft, die zugleich körperlich und moralisch im ganzen Universum Harmonie bindet und schafft"[24]. Diese beiden Vorstellungen von Freundschaft – die persönliche auf der einen und die soziale oder kosmische auf der anderen Seite – wurden von den Menschen der Antike nie explizit in Einklang gebracht. Es gab kaum eine Erforschung der Wurzeln von Freundschaft, mit anderen Worten, der Art von Liebe, die diese ermöglichte. Es war das Christentum, das diese Lücken geschlossen hat, indem es das heidnische Verständnis des Begriffs vertiefte und erweiterte.

Damit soll nicht gesagt sein, dass das Thema Freundschaft im Neuen Testament eine wesentliche Rolle spielt. Für die Beziehung zwischen Gläubigen wurden meist andere Bilder gebraucht. Und doch hat die menschliche Wirklichkeit der Freundschaft in der Welt des Evangeliums eine Funktion, besonders in den lukanischen Schriften (z. B. Lk 11,5; 15,6; Apg 10,24). Jesus selbst wird als „Freund der Zöllner und Sünder" (Mt 11,19) bezeichnet, das Johannesevangelium spricht von seiner besonderen Zuneigung zu Lazarus und dessen Schwestern (Joh 11,3.36; vgl. 11,5: *ēgapa*). Der vierte Evangelist verwendet das Verb *phileō*, freundschaftlich lieben, als Alternative zu *agapaō*, (Ausdruck christlicher Liebe oder Nächstenliebe). Zweimal spricht Jesus von seinen Jüngern als seinen Freunden (vgl. Joh 15,12-15; Lk 12,4); im dritten Johannesbrief scheint der Ausdruck „Freunde" eine Bezeichnung für die Gläubigen zu sein, welche die gängigere Anrede als „Brüder (und Schwestern)" (3 Joh 15) ersetzt. Obwohl der Begriff nicht ausschließlich für Christen verwendet wird – man kann Freund der Welt (Jak 4,4; vgl. Joh 15,19) oder des Kaisers (Joh 19,12) sein – konkretisiert die Sprache der Freundschaft die Wirklichkeit christlicher Liebe und hilft, sie in unserer Existenz hier auf Erden zu verankern.

Wie es auch für viele andere Themen der Fall war, führte die Verwendung des Begriffs „Freundschaft", um das

Evangelium Jesu Christi zu erläutern, zu einer Entwicklung des Begriffs selbst. Für Christen war die „Gemeinsamkeit", die sie zu Freunden machte, kein menschliches Attribut, sondern die gemeinsame Erfahrung, von Christus berufen und seine Nachfolger zu sein. Freundschaft konnte somit auf eine im Grunde genommen ungleiche Beziehung, nämlich die zwischen Christus, oder sogar Gott, und den Gläubigen, angewandt werden. Diese Freundschaft war potenziell universal, da alle zur Nachfolge Christi berufen sind. Die christliche Perspektive widersprach dadurch radikal einem Aspekt von Freundschaft, der bis zu dem Zeitpunkt gegolten hatte: ihrem exklusiven und einschränkenden Charakter.

Augustinus

Wir haben ein Musterbeispiel für den Übergang vom klassischen zum christlichen Freundschaftsverständnis im Leben jenes christlichen Denkers der Spätantike, der wahrscheinlich mehr als jeder andere das westliche Christentum geprägt hat: Augustinus von Hippo (354-430).[25] Wegen seines Temperaments, seiner Herkunft und Erziehung war Augustinus prädestiniert, der Freundschaft eine große Bedeutung zuzugestehen. Für ihn war das Leben ohne die Gesellschaft anderer gleichgesinnter Personen kaum lebenswert. In seinen *Bekenntnissen* erzählt er ergreifend von den Freuden, die ihm als jungem Mann durch Freundschaften geschenkt wurden:

„Gemeinsam plaudern, lachen, einander gefällig sein, gemeinsam schöne Bücher lesen, gemeinsam scherzen und sich Artigkeiten sagen, bisweilen anderer Meinung sein, ohne einander zu grollen, wie der Mensch es wohl auch gelegentlich bei sich selber erfährt, diese seltenen Uneinigkeiten würzten die fast durchgängige Eintracht. Jeder war reihum des andern Lehrer und Schüler; Abwesende vermisste man schmerzlich, Zurückkehrende empfing man mit Freude; all diese und ähnliche Zeichen, die sich von Herzen in Liebe und Gegenliebe äußern, erfolgten durch die Miene, die Zunge, die Augen, durch tausend freundliche Gebärden, die Geister wie immer neuer Zunder in ein gemeinsames Feuer zu versetzen und aus mehreren einen einzigen zu erzeugen" (4. Buch, IV, 8).

Diese Zeilen folgen unmittelbar der Stelle, in der Augustinus von dem frühen Tod eines engen Jugendfreundes erzählte, an dem er so sehr hing, dass er in eine tiefe und lang während Depression fiel:

„Da wurde mein Herz vor Schmerz verfinstert, und was immer ich ansah, war tot. Die Vaterstadt wurde mir unerträglich, das Mutterhaus eine seltsame Bitternis. Was immer ich mit ihm gemeinsam erlebt hatte, verkehrte sich ohne ihn in unerträgliche Qual. … Einzig die Tränen taten mir wohl; sie waren die einzige Wonne, die mir an seiner Stelle verblieb. … Ich fühlte, meine und seine Seele waren eine einzige in zwei Körpern gewesen; deshalb war mir das Leben ein Überdruss, denn ich wollte nicht hälftig leben" (4. Buch, IV, 9; VI, 11).

Bezeichnenderweise war es die Gegenwart anderer Freunde in seinem Leben, die letztendlich die Wunde heilte.

In der Zeit, von der Augustinus hier schreibt, war er noch kein Christ. Bei seiner Suche nach spiritueller Wahrheit oder „Weisheit", wie er es nannte, versammelte er eine Gruppe gleichgesinnter Personen um sich, zu denen auch seine Mutter Monika gehörte, die damals bereits an Christus glaubte. Ein Gesprächsthema, das regelmäßig aufkam, war der Ausblick auf ein gemeinsames Leben, fern aller Geschäftigkeiten und Zerstreuungen des gesellschaftlichen Daseins:

„Wir waren eine ganze Gruppe von Freunden, die einzeln und in Gesprächen einen Plan ausgeheckt hatten: Um die Beschwerden und Umtriebe des menschlichen Lebens zu meiden, hatten wir beinah schon beschlossen, fern von der Menge ein ruhiges Leben zu führen. Wir hatten es uns so gedacht: Allen Einzelbesitz würden wir zusammenlegen und daraus ein einziges Vermögen bilden. Aufrichtige Freundschaft würde erwirken, dass nicht dies dem einen und jenes dem anderen gehörte, sondern aus allem zusammen Eines würde, das Ganze sollte jedem, alles allen gehören. Wir waren etwa zehn Freunde, die so zusammenleben wollten. … Wir hatten zudem beschlossen, dass jedes Jahr zwei von uns als Verwalter alles Nötige zu besorgen hätten, sodass die anderen im Frieden leben könnten. Als man aber überlegte, ob die Frauen, die einige schon besaßen oder die wir uns zu nehmen vorhatten, dies alles billigen würden, zerrann uns das ganze schöne Projekt unter den Händen, brach in Stücke und wurde aufgegeben" (6. Buch, XIV, 24).

Obwohl aus diesem Projekt nichts wurde, zog sich Augustinus später, am Abend seiner Bekehrung, mit seiner Mutter und einigen Freunden in ein Landhaus bei Cassiciacum in der Nähe von Mailand zurück (9. Buch, IV). Nach seiner Rückreise nach Afrika nahm sein Lebenstraum von einer Gruppe von Freunden, die in spiritueller und materieller Gütergemeinschaft zusammenlebten, dann in einer koinobitischen[26] Gemeinschaft Gestalt an, für die er schließlich eine Lebensregel schrieb. Später, auch als Priester und Bischof, lebte er weiterhin in Gemeinschaft mit anderen engagierten Männern. Es ist bezeichnend, dass der Grund, weshalb Augustinus sich zu der monastischen Tradition hingezogen fühlte, nicht primär – wie bei den Wüstenvätern und -müttern – die Sehnsucht nach Einsamkeit war, sondern eine konkrete Möglichkeit, das Leben im Sinne der christlichen Urgemeinde miteinander zu teilen, wie in der Apostelgeschichte erzählt wird.

Augustinus' Leben als Christ und Bischof verkörperte somit eine Vertiefung, ja sogar eine Verwandlung seiner natürlichen Vorliebe für Kameradschaft und Gespräche mit anderen, zu einem gemeinsamen Leben. Nun schätzte er seinen Jugendfreund nicht mehr als wahren Freund, wie er gegenüber Gott zum Ausdruck bringt, da „eine Freundschaft nur echt ist, wenn du zwei Menschen aneinander bindest, die dir beide verbunden sind in ‚der Liebe, die durch den uns geschenkten Heiligen Geist in unsern Herzen ausgegossen ist' (Röm 5,5). … Selig, wer dich liebt, und seinen Freund in dir, und den Feind um deinetwillen" (4. Buch, IV, 7; IX, 14).

Freunde in Christus sind also durch Gott miteinander verbunden, oder genauer gesagt: durch die göttliche Liebe, Gottes Geist oder Lebensatem.

In einem Brief an Marcianus, einen alten Freund, der sich darauf vorbereitete, Christ zu werden, nimmt Augustinus die Freundschaftsdefinition von Cicero auf und wendet sie auf die neue Situation an:

„Du weißt freilich, wie … ‚der', wie einer behauptet, ‚größte Schriftsteller der lateinischen Sprache' die Freundschaft näher bestimmte. Er sagte nämlich und zwar sehr mit Recht: ‚Freundschaft ist Übereinstim-

mung in irdischen und göttlichen Dingen mit Wohlwollen und Liebe'. … Es [war] um unsere Freundschaft
schlecht bestellt; die ‚Übereinstimmung' war nämlich
nur ‚in irdischen' und noch nicht ‚in göttlichen Dingen' mit ‚Wohlwollen und Liebe'. … Wie sehr ich mich
über dich freue, mit welchen Worten soll ich erklären,
seit wann ich den, den ich seit langem auf welche Weise
auch immer zum Freund hatte, nun vollends als wahren
Freund habe? Es kam nämlich die Übereinstimmung
in göttlichen Dingen hinzu. … Dank sei daher dem
Herrn, dass er endlich die Gnade gewährte, dich zum
Freund zu haben. Denn nun besteht zwischen uns eine
‚Übereinstimmung in irdischen und göttlichen Dingen
mit Wohlwollen und Liebe' in Christus Jesus, unserem
Herrn, unserem wahrhaftigen Frieden. Dieser fasste mit
zwei Weisungen die ganze göttliche Verkündigung zusammen, indem er sagte: ‚Du sollst den Herrn, deinen
Gott, aus deinem ganzen Herzen und aus deiner ganzen
Seele und aus deinem ganzen Verstand lieben' und: ‚Du
sollst deinen Nächsten lieben wie dich selbst; an diesen beiden Weisungen hängt das ganze Gesetz und die
Propheten.' Auf jenem ersten (Gebot) beruht die Übereinstimmung mit Wohlwollen und Liebe in göttlichen,
auf dem zweiten die in irdischen Dingen. … Wenn du
mit mir sehr beharrlich an diesen beiden (Geboten) fest-
hältst, wird unsere Freundschaft wahrhaftig und ewig
sein und wird uns nicht nur gegenseitig verbinden, sondern auch mit dem Herrn selbst" (Brief Nr. 258).

Auch für Augustinus ist Freundschaft potenziell universal. Da wahre Liebe bedeutet, anderen wohlwollend zu
begegnen, bezieht sie sich auf alle, auch auf unsere Feinde. Und doch können wir nicht allen unsere Freundschaft
konkret zeigen. Wenn Liebe gegenseitig wird und in Got-

tes Liebe, die er uns in Christus mitgeteilt hat, verwurzelt ist, verdient sie wirklich den Namen Freundschaft. Im Himmel wird dies letztendlich der Fall sein.[27]

Bezeichnender- und vielleicht auch überraschenderweise taucht das für Augustinus vollkommene Bild von Freundschaft am Ende des Erzählteils seiner *Bekenntnisse* auf. Er beschreibt ein Gespräch, das er mit seiner Mutter Monika in Ostia kurz vor ihrem Tod führte. Mutter und Sohn waren in einem eifrigen Austausch über die göttlichen Dinge und berührten gemeinsam für einen kurzen Moment „das Gefilde unvergänglicher Fülle ..., auf dem du Israel mit der Speise der Wahrheit ewig weidest. Dort ist das Leben die Weisheit, durch die all diese Dinge geschaffen werden" (9. Buch, X, 14). Uns wird hier das Bild einer tiefen Zuneigung zwischen zwei menschlichen Wesen vor Augen geführt, welche aus Gemeinschaft mit der Quelle des Lebens entsteht und den Weg zu ihr öffnet. Das dreidimensionale Wesen christlicher Liebe könnte kaum besser ausgedrückt werden.

Auch wenn das Leben des heiligen Augustinus die Verwandlung von Freundschaft durch Christus vortrefflich illustriert, muss doch auch hinzugefügt werden, dass Augustinus' Verständnis sich erst nach und nach entwickelte. Wenn er ausdrücklich als Theologe schreibt, ist man erstaunt, welch eine untergeordnete Rolle menschliche Freundschaft in seinen Gedanken spielt.

Er ist weit davon entfernt, den Nachklang dieses Themas erfasst zu haben. Dafür gibt es mindestens zwei Gründe. Der erste ist, dass Augustinus als zum Christentum Bekehrter sein Leben scharf in ein „Davor" und ein „Danach" trennte, wobei er dem „Davor", wegen des unvermeidlichen Gegensatzes zum neuen Stand der Dinge, einen deutlich negativen Wert zumaß. Wir können sicher sein, dass er die Gefühle seines „Mentors", des heiligen

Paulus, geteilt hätte, wenn dieser schreibt: „Was mir damals ein Gewinn war, das habe ich um Christi Willen als Verlust erkannt. ... Seinetwegen habe ich alles aufgegeben und halte es für Unrat, um Christus zu gewinnen" (Phil 3,7f). Diese Neigung auf Seiten derer, die eine radikale Veränderung durchgemacht haben, ihre vergangene Existenz als „Unrat" zu betrachten, bedeutet, dass selbst an sich gute Dinge wie menschliche Zuneigung und Bedürfnisse tendenziell in einem negativen Licht gesehen werden; das Bessere lässt das Gute schlecht aussehen.

Dieser psychologische Grund wurde durch einen philosophischen verstärkt. Augustinus war sehr stark von neuplatonischer Philosophie beeinflusst, welche das menschliche Leben als Reise nach oben, zur Einheit mit dem Göttlichen, betrachtete. In dieser Denkweise sind irdische Güter vorübergehend, ein bloßer Schatten des Wirklichen; für die Seele ist es am wichtigsten, darüber hinaus zu gehen und die eine wahre Wirklichkeit zu erreichen, die Quelle allen Seins. Dieser bedeutsamen Philosophie gelang es nicht, die leibliche Dimension des Evangeliums, die Gegenwart des Höchsten Gottes inmitten des Menschseins, ausreichend zu betonen: „Das Wort ist Fleisch geworden und hat unter uns gewohnt" (Joh 1,14). Ein Großteil des augustinischen Denkens und Schreibens war also ein Versuch, das Evangelium, an das er so fest glaubte und wonach er so glaubwürdig handelte, in einer philosophischen Sprache auszudrücken, die in gewisser Weise im Gegensatz zu seiner grundlegenden Ausrichtung stand.

Augustinus hatte weder die psychische Veranlagung noch die begrifflichen Werkzeuge, um ganz zu verstehen und in seine Glaubensvorstellung zu integrieren, was sein Herz so wichtig fand. Neben der Überzeugung, dass der Anspruch der in der christlichen Liebe Vereinten, „ein

Herz und eine Seele" zu sein, den Willen Gottes auf Erden erfüllt[28], bleibt in ihm eine nagende Angst, dass die Freuden menschlicher Freundschaft das eigene Herz von den wichtigen Dingen wegführen. Als er viele Jahre später als Christ die Person verliert, die ihm am nächsten stand, seine Mutter Monika, macht er sich Vorwürfe, weil er um den Verlust trauert – als ob dies auf einen Zweifel am ewigen Leben schließen ließe oder als ob es ein Zeichen dafür wäre, dass er einem Geschöpf mehr Liebe als dem Schöpfer zukommen ließe:

„Weil ich ihre so große Tröstung entbehren musste, war meine Seele wund, mein Dasein wie in Stücke gerissen, das aus meinem und ihrem ein einziges geworden war. ... Und da ich gar unwillig war, dass menschliches Schicksal so viel über mich vermochte, was nach der gesetzlichen Ordnung und sterblichem Los unumgänglich ist, erlitt ich ein zweites Leiden über mein Leben hinaus, ein doppelter Schmerz härmte mich. ... Sieht [einer] einen Fehler darin, dass ich meine Mutter eine kurze Zeit beweinte, ... so spotte er meiner nicht, sondern weine lieber, falls er echte Liebe hat, über meine Sünden zu dir, Vater aller Brüder deines Sohnes" (9. Buch, XII).

Auch wenn diese „dramatische" Existenzweise ohne Zweifel ein Geheimnis der Lebenskraft des Augustinus war und seinen großen Einfluss auf viele Menschen aller Jahrhunderte erklärt, kommt man zuweilen nicht umhin, sich zu wünschen, dass eine solch einflussreiche Gestalt des westlichen Christentums eine größere Abgeklärtheit hätte erreichen können, wenn er die Ansprüche Gottes und die Wirklichkeit des Menschseins in sich versöhnt hätte. Diese Frage kann niemals angemessen geklärt werden, da die Welt, wie wir sie kennen, zweifellos von Sünde

gekennzeichnet ist. Mit anderen Worten, es gibt zwangsläufig sowohl eine Kontinuität als auch einen deutlichen
Bruch zwischen dem Menschsein, wie es ist, und wie Gott
es gerne hätte; es ist keine einfache Übereinstimmung
zwischen dem Menschlichen und dem Göttlichen möglich, die am Kreuz vorbeiführt. Und doch ist das Kreuz für
Gläubige die Schattenseite der Auferstehung, und im Licht
des paradoxen Sieges Christi über das Böse hat die Versöhnung das letzte Wort. Ist nicht der Eindruck, dass eher
Sünde als die göttliche *philanthropia* (vgl. Tit 3,4) den Kern
des Christentums ausmacht – ob gerechtfertigt oder
nicht –, einer der Gründe dafür, dass so viele Zeitgenossen
den Glauben misstrauisch beäugen? Die Herausforderung
späterer Theologie wird darin bestehen, das „Entweder-
oder" des Augustinus in eine inkarnatorische Perspektive
zu integrieren, welche die Bedeutung menschlicher Wirklichkeiten ausreichend betont. Anstatt Gott in einen Gegensatz zu seiner Schöpfung zu stellen, sollte eine solche
Theologie zeigen, wie Geschöpfe glaubwürdige „Gleichnisse" des Göttlichen werden können, um so einen Vorge-
schmack auf den Himmel anzubieten. Der gleiche Jesus,
der sagte, „Wer nicht für mich ist, der ist gegen mich"
(Mt 12,30), bekundete auch „Wer nicht gegen uns ist, der ist
für uns" (Mk 9,40), und der heilige Paulus erinnert uns daran, das „für die Reinen … alles rein" (Tit 1,15) ist. In Bezug
auf das Thema, das uns hier bewegt, gibt es eine dringen-
de Notwendigkeit, eine Vision von Freundschaft auszuar-
beiten, die Freundschaft in Christus nicht als Alternative,
sondern vielmehr als Verwandlung menschlicher Zuneigung betrachtet, in der nichts verloren ist. Die Lebensge-
schichte des heiligen Augustinus bietet in dieser Hinsicht,
mehr als sein Denken, wertvolle Hinweise.

Die monastische Tradition

Ein Aspekt augustinischen Denkens, der für unsere Betrachtung christlicher Freundschaft sehr nützlich ist, findet sich in seiner Theologie des monastischen oder koinobitischen Lebens. Für ihn nehmen die Sehnsucht nach Einsamkeit („Flucht vor der Welt") oder das Kloster als Schule christlicher Vollkommenheit eine Nebenrolle im Verständnis der klösterlichen Gemeinschaft als Ausdruck brüderlicher Liebe ein:

> *„Sieh, wie gut und wie erfreulich ist's, wenn Brüder zusammen wohnen!"* (Ps 132,1 LXX). „Diese Worte des Psalms, dieser süße Klang … hat auch die Klöster geboren. Dieser Klang hat die Brüder aufgeweckt, die zusammenzuwohnen begehrten …, und die zerstreut waren, sammelten sich" (*Über die Psalmen 132,2*).

Augustinus war natürlich nicht der einzige, der diese Dimension religiösen Lebens betonte. Sein etwas älterer Zeitgenosse Basilius von Cäsarea war wahrscheinlich derjenige, der mehr als jeder andere das Mönchtum in der Ostkirche normativ prägte und auch im Westen durch den heiligen Benedikt Einfluss gewann. Die Große Regel des Basilius enthält ein ganzes Kapitel (Q. 7), das die Überlegenheit der koinobitischen gegenüber der hermetischen Form religiösen Lebens aufzeigt und dazu unter anderem Mt 5 („Lasst euer Licht vor den anderen leuchten …") und Apg 2 und 4 („Die Gläubigen lebten zusammen … und waren ein Herz und eine Seele") zitiert.

Trotz dieser glanzvollen Beispiele wäre es nicht ganz ehrlich anzunehmen, dass Freundschaft in der Geschichte des Mönchtums oder religiösen Lebens immer einen Ehrenplatz innehatte. Das hatte auch einen praktischen bzw. pastoralen Grund. Innerhalb einer Gemeinschaft konnten Freundschaften, besonders zwischen Brüdern und Schwestern mit wenig Erfahrung im geistlichen Leben leicht eine Spaltung des ganzen Leibes verursachen, wenn es zur Bildung von Grüppchen oder Fraktionen führte, auch wenn diese nur aus zwei Mitgliedern bestanden. Genauer betrachtet ist natürlich klar, dass das Problem nicht die Freundschaft zwischen Christen als solchen ist, sondern eine ausschließende Perspektive, welche die Freundschaft auf einer Intensität der Zuneigung oder der individuellen Vorlieben begründet und sich nicht durch die Liebe Christi, die persönlich und allumfassend zugleich ist, verwandeln lässt. Die Lösung dieser Schwierigkeit liegt darin, die Entwicklung des inneren Lebens und des Urteilsvermögens zu fördern. In Wirklichkeit schien es allerdings oft am leichtesten zu sein, die Angelegenheit einfach durch ein völliges Verbot „besonderer Verbundenheiten" im Ordensleben zu lösen. In späteren Jahrhunderten wurde dieses Verbot zu einem Gemeinplatz religiöser Unterweisung zum Gemeinschaftsleben oder Priestertum. In ihrem verständlichen Eifer, die Gefahren solcher Zuneigung zu verhindern, schienen die Oberen nie realisiert zu haben, dass sie eine noch größere Gefahr hervorriefen: die menschliche Dimension christlicher Liebe auszuschließen und sie zu einem vagen und äußerst abstrakten Wohlwollen herabzusetzen, nach welchem alle im Allgemeinen „geliebt" sind, aber niemand konkret. Schlimmer noch: In vielen Fällen trieben sie menschliche Liebe in den Untergrund und ließen sie als unvereinbar mit dem Evangelium oder zumindest verdächtig erscheinen – eine Einstellung, mit deren Folgen wir heute noch zu kämpfen haben.

Aelred von Rievaulx

Auch wenn das Thema Freundschaft in der christlichen Spiritualität nie eine Hauptrolle spielte, blieb es dennoch ein starker Unterstrom, der zu verschiedenen Zeiten und Orten an die Oberfläche kam. In der Geschichte des Mönchtums begegnet uns das deutlichste Beispiel im 12. Jahrhundert durch einen Mönch, der in den ersten Jahren der Reform der benediktinischen Tradition durch die Zisterzienser aktiv war und mit dem Namen des heiligen Bernhard von Clairvaux verknüpft ist: Aelred, von seinen Zeitgenossen „Bernhard des Nordens" genannt, Bruder und später Abt des Kloster Rievaulx in Nordengland (1110–1167). Etwa 1200 Jahre nach Cicero und 700 Jahre nach Augustinus gelang es ihm, den Dialog des römischen Philosophen über die Freundschaft im Licht der Erfahrungen des Bischofs von Hippo neu zu schreiben: Die *Bekenntnisse* des heiligen Augustinus waren wohl sein Lieblingsbuch. In Aelreds Schriften, vor allem *Der Spiegel der Liebe* und *Über die geistliche Freundschaft*, rückten heidnische und christliche Vorstellungen von Freundschaft in die Nähe einer harmonischen Versöhnung.

Der Spiegel der Liebe ist eine theologische Anthropologie, mit anderen Worten: ein Versuch, die Frage „Was ist ein menschliches Wesen?" auf der Grundlage einer Betrachtung menschlicher Liebe (*amor*) zu beantworten. Das Werk kann als detaillierte Entfaltung eines einzigen Satzes gelesen werden, der am Beginn der *Bekenntnisse* des Augustinus steht: „Du hast uns zu dir hin geschaffen, Herr, und ruhelos ist unser Herz solange, bis es ausruhen kann in dir" (Buch 1, I). Ein Kommentator drückt das so aus:

„Aelreds Annäherung an das Geheimnis Gottes beginnt mit der Untersuchung geschaffener Liebe: Die Betrachtung der Liebe im Menschen führt uns zum Nachdenken über die Liebe in Gott. Die Seele ist das Bild, das Symbol und das Bedürfnis Gottes, vor allem durch ihre Liebe; wenn Liebe nach Gott strebt, dann deshalb, weil sie ein Geschenk Gottes ist und zu ihrer Quelle zurückkehren will. Das in ihr geschaffene Vermögen ist ein Ruf, an Gott festzuhalten, gemäß dem Gesetz der Rückkehr zu Gott: ‚Gleiches sucht Gleiches.‘"[29]

Gemeinschaft mit Gott ist das Ziel jedes menschlichen Sehnens und Strebens, seine Sabbatruhe. Und doch erhöhte Aelred mit einem sicheren Gespür für die Wahrheit des Evangeliums die Liebe zu Gott nicht in der Weise, dass die Liebe zum Nächsten abgewertet würde:

„Diese Perspektive eines Gottes der Liebe ist der theologische Höhepunkt von Aelreds *Speculum Caritatis*, und doch lässt es uns, wenn wir nur dabei bleiben, sicherlich nicht das ganze Denken des Abtes von Rievaulx hinsichtlich der Bedeutung des Menschen und seines göttlichen Schicksals erfassen. Die menschliche Seele ist durchaus dazu berufen, Gott ähnlich zu sein, aber einem Gott, der Liebe und Dreifaltigkeit ist, und dessen Leben Gemeinschaft mit anderen Personen ist, in der transzendenten Einheit ein und der selben Natur: „Gegenseitige … Zuneigung, … köstliche Umarmung, diese glücklichste Nächstenliebe, durch die der Vater im Sohn ruht und der Sohn im Vater" (*Spec.* I,5).[30]

Diese Vorstellung führt zu einer Betrachtung menschlicher Freundschaft als privilegierte Form, die Liebe Gottes hier auf Erden zu verwirklichen. Aelred setzt diese Überlegung in seinem zweiten Buch, *Über die geistliche Freundschaft*, fort und tut dabei nichts anderes, als Ciceros Werk

De Amicitia eine christliche Gestalt zu geben. Entlang der Zeilen von Augustinus' Brief an Marcianus erklärt Aelred, dass Ciceros Vorstellung von Freundschaft dort verwirklicht ist, wo Freunde wegen Christus gewonnen und behalten werden. „Was kann man Schöneres, Wahreres, Heilsameres über die Freundschaft lehren, als dass sie in Christus ihren Beginn, in Christus ihren Fortgang, in Christus ihre Vollendung erhält?"[31]

Eine der Besonderheiten von Freundschaft in der griechischen und römischen Antike war ihre aristokratische und elitäre Eigenart: Sie war eine Beziehungsform für Wenige, ein intensives Teilen von Leben und Gedanken, das persönliche Vorliebe und Fähigkeit und einen erheblichen Einsatz an Zeit und Energie erforderte. Dann tauchte mit dem Auftreten des Christentums der Gedanke einer zugleich universalen und konkreten Liebe auf. Es ist interessant zu sehen, wie Aelred danach strebt, diese beiden Perspektiven zu versöhnen. Im ersten Buch erhebt sein Dialogpartner Ivo genau den Einwand, den wir gerade dargestellt haben: Er stellt fest, dass Freundschaft, wenn sie auch nach dem Kommen Christi noch so selten bliebe, eine Ursache für Enttäuschungen sei (I, 25). Aelred erwidert, dass Freundschaften nach Christus zugenommen hätten, da die ersten Christen, die ein Herz und eine Seele waren, bereit waren, ihr Leben in großer Zahl für ihre Mitgläubigen hinzugeben (I, 27-30). Ivo fragt sich, ob es dann faktisch keinen Unterschied zwischen Freundschaft und christlicher Nächstenliebe gibt (I, 31), was Aelred ein bisschen zurückrudern lässt:

„Doch! Und zwar [gibt es] einen gewaltigen [Unterschied]. Nach Gottes Willen sind mehr Menschen in den Schoß der Liebe als in die Arme der Freundschaft aufzunehmen. Das Gesetz der Liebe treibt uns, nicht nur die Freunde, vielmehr auch die Feinde ans Herz zu ziehen. Freunde jedoch nennen wir nur solche, denen wir getrost unser Herz und alles, was in ihm ist, anvertrauen; ihnen sind wir verbunden durch das gleiche Gesetz des Glaubens und der Hilfe" (I, 32).

Auf der einen Seite gibt es eine falsche Freundschaft, die nicht auf wahrer Liebe gründet, andererseits gibt es eine Liebe denen gegenüber, die wir genau genommen nicht Freunde nennen können. Später erklärt Aelred, dass, bevor die Sünde in die Welt kam, Freundschaft und Nächstenliebe Hand in Hand gingen.

„Dann aber erkaltete die Liebe beim Fall des ersten Menschen und die böse Begierlichkeit nahm ihre Stelle ein und erhielt den Vorzug gegenüber dem Glück der Gemeinschaft; Habgier und Neid verdunkelten den reinen Glanz der Liebe und Freundschaft; Streit und Eifersucht, Hass und Misstrauen trug sie unter die Menschen. Daraufhin lernten die guten Menschen, Liebe und Eifersucht zu unterscheiden; einerseits fühlten sie sich verpflichtet, auch den Feinden und Sündern Liebe entgegenzubringen, andererseits erkannten sie, dass zwischen guten und schlechten Menschen eine Gemeinsamkeit von Absichten und Plänen nicht sein kann. So kam es, dass die Freundschaft, die in gleichem Maße wie die Liebe zuerst von allen geübt worden war, nur noch bei wenigen Guten wohnte" (I, 58f).

Am Ende der Zeiten, im Himmelreich, wird Freundschaft wieder universal sein: „Wenn sie hier selten ist, weil die guten Freunde selten sind: Dort sind alle zu uns Freunde, weil alle gut sind" (III, 80).[32]

Der Abt von Rievaulx zeigt also eine differenzierte Wahrnehmung menschlicher Freundschaft, die ihre Fülle in Christus findet, potenziell allen gegenüber offen, aber in Wirklichkeit von den Bedingungen des irdischen Lebens begrenzt ist. Freundschaften zu gewinnen und zu erhalten geschieht nicht automatisch: Freundschaft muss gepflegt werden. Dieser Vorgang beinhaltet vier Etappen: Auswahl, Erprobung, Aufnahme und schließlich vollkommene Harmonie in menschlichen und göttlichen Angelegenheiten, verbunden mit Nächstenliebe und Wohlwollen (III, 8). Freundschaft erfordert Loyalität, rechte Beweggründe, Diskretion und Geduld (III, 61-76). Sie ist nicht nur eine Sache der Gefühle (I, 39-41; II, 57), sondern auch des Verstandes und der bewussten Entscheidung (III, 2f.54). Wahre Freundschaft währt ewig (I, 21.23.68; III, 44.48). Da sie von Gott kommt, ist sie auch eine Stufe in der Gottesliebe und -kenntnis (II, 14-18); sie öffnet die Menschen auf das Geheimnis Christi hin:

„Dieser Aufstieg erscheint also gar nicht so schwierig oder uns nicht angemessen, wenn Christus die Freundesliebe ins Herz senkt, und wir aufsteigen zu Christus, der unser Freund sein will, den wir lieben sollen, sodass sich Freundlichkeit und Freundlichkeit, Süßigkeit und Süßigkeit, Liebenswürdigkeit und Liebenswürdigkeit stets begegnen und ergänzen. Der Freund, der im Geiste Christi dem Freund anhängt, wird mit seinem Freund ein Herz und eine Seele; auf der Stufe dieser Liebe steigen sie gemeinsam zu Christi Freundschaft hinauf ..." (II, 20f).

Ohne Frage gibt es für Aelred nichts Heiligeres oder Lohnenderes auf Erden als wahre Freundschaft in Christus (II, 9). Deshalb kann er sogar – indem er sie in den Mund eines seiner Dialogpartner legt – die Frage stellen, ob „Gott Freundschaft ist". Und er antwortet, die Worte des heiligen Johannes aufnehmend: „Wer in der Freundschaft bleibt, bleibt in Gott, und Gott in ihm" (I, 70).

Thomas von Aquin

Was in Aelreds Schriften nur inbegriffen war, nämlich die Identifikation christlicher Liebe, *agape* oder *caritas*, mit Freundschaft, wird in den Gedanken eines Mannes eindeutig, der von vielen – zu Unrecht – als trockener scholastischer Theologe betrachtet wird, der sich nur in seine Bücher verkrochen hat: der dominikanische Gelehrte Thomas von Aquin (1225–1274). Carmichael zufolge „war Thomas der einzige Scholastiker, der christliche Liebe, *caritas*, in vollem Umfang und in jeder Hinsicht als Freundschaft, *amicitia*, definierte. Er entwickelte diese Lehre kontinuierlich und beständig im Laufe seiner Karriere, beginnend mit dem Sentenzenkommentar bis zur *Summa theologiae*, seinem letzten Werk"[33].

Da er seine Begriffe eher aus dem Evangelium und von Aristoteles als von Cicero nimmt, befasst sich Thomas in erster Linie nicht mit Beziehungen zwischen Menschen untereinander, sondern dem Verhältnis zwischen Menschen und Gott, was sein Beharren auf Freundschaft umso überraschender erscheinen lässt. Was ihn ohne Zweifel in diese Richtung führte, war neben Joh 15,15 das aristotelische Verständnis von *koinonía*, Gemeinsamkeit. Freundschaft ist die höchste Form der Liebe, da sie im Unterschied zu *eros* per definitionem gegenseitig ist; sie ist ein Ausdruck von Gemeinschaft. Freundschaft erfordert

„ein gegenseitiges Sich-Liebhaben, denn der Freund ist dem Freunde Freund. Ein solches gegenseitiges Wohlwollen aber gründet in Gemeinsamkeit. Da es nun wirklich eine Gemeinsamkeit des Menschen mit Gott gibt, insofern er uns seine Seligkeit mitteilt, muss eine Freundschaft in der Lebensmitteilung gründen, von der es in 1 Kor 1,9 heißt: ‚Getreu ist Gott, durch den ihr zur Gemeinschaft (*societas, koinonía*) seines Sohnes berufen wurdet.' Liebe, die in dieser Lebensmitteilung gründet, ist Gottesliebe. Daher ist es offenbar, dass die Gottesliebe eine Art Freundschaft des Menschen mit Gott bedeutet"[34].

Aber wie ist eine solche Gegenseitigkeit zwischen zwei derart unterschiedlichen Partnern – dem Schöpfer und dem Geschöpf, der Quelle allen Lebens und dem vollkommen abhängigen Lebewesen – überhaupt möglich? Für Thomas liegt die Antwort in der absolut freien und großzügigen Tat eines Gottes, der sein eigenes Leben – seine Seligkeit, wie er im Zitat oben sagt – den Menschen mitteilt und sich auf unsere Ebene begibt, um uns auf die göttliche Ebene zu stellen. Auf diese Weise werden wir durch Christus Freunde Gottes.

Die Liebe, die Gott uns schenkt, fließt über, um unsere Beziehungen mit anderen zu durchdringen. In Anlehnung an Augustinus benennt Thomas vier Gegenstände der *caritas*: Gott, den Nächsten, den Leib und sich selbst (ST II-II, 25.12). Wenn *caritas* im Wesentlichen Freundschaft ist, folgt daraus, dass wir mit allen zur Freundschaft um Christi willen berufen sind. Hier ist die unterschiedliche Perspektive von Aelred und Thomas besonders auffällig. Aelred setzt wie Augustinus bei den konkreten Erfahrungen menschlicher Freundschaft an, die er mithilfe Ciceros versteht, und reflektiert dann, wie der Glaube an Christus diese Beziehungen verwandelt und ausweitet. Thomas geht von einem eher theologischen und philosophischen

Entwurf einer freundschaftlichen Liebe aus und gebraucht diesen, um *caritas* zu erklären: Gottes Liebe in uns, die sich zuallererst in unserer Gemeinschaft mit Gott und dann erst in unseren Beziehungen innerhalb der Schöpfungsordnung zeigt. Ihm geht es also zunächst nicht darum, wie weit Freundschaften ausgeweitet werden können, sondern er will erklären, wie wir jene Liebe Freundschaft nennen können, von der Christus will, dass wir sie selbst auf unsere Feinde ausdehnen. Seine Antwort lautet: „Da der Nächste aus der heiligen Liebe heraus um Gottes willen geliebt wird, wird der Mensch, je mehr er Gott liebt, umso mehr seine Liebe auch dem Nächsten gegenüber beweisen, ohne durch irgendwelche Feindschaft aufgehalten zu werden. Genau so, wie jemand, der einen Menschen sehr lieb hätte, kraft dieser Liebe auch dessen Kinder lieben würde, selbst diejenigen, die ihm feind wären" (ST II-II, 25.8). Christen lieben andere als von Gott geschaffene Wesen, die von ihm dazu berufen sind, Anteil an seinem eigenen Leben zu haben; sie werden deshalb – wenigstens als mögliche – Freunde Gottes und demnach Gläubige geliebt.

Die scheinbar eher abstrakte Auffassung von Freundschaft bei Thomas bietet ein notwendiges Korrektiv zu Augustinus und Aelred. Deren Problem, das niemals gänzlich gelöst worden war, lag in der Frage, wie eine Freundschaft der Wenigen mit dem Universalitätsanspruch des Evangeliums versöhnt werden kann. Thomas erinnert uns daran, dass wir andere letztlich deshalb lieben, weil Gottes Liebe uns in Christus offenbart und mitgeteilt worden ist; und diese Liebe ist naturgemäß allumfassend. Die Herausforderung besteht darin zu verhindern, dass diese Liebe zur bloß abstrakten Kategorie wird und zu entdecken, wie sie in verschiedenen Arten von Beziehungen Form annehmen kann.

Neuzeit

Beschließen wir diesen kurzen geschichtlichen Überblick zum Thema Freundschaft, indem wir, mehr oder minder zufällig, einige bedeutende Gestalten herausgreifen. Wir beginnen mit JEREMY TAYLOR (1613–1667), einem anglikanischen Geistlichen, der als Antwort auf eine Frage der Schriftstellerin Katherine Philips einen „Diskurs über das Wesen und die Aufgaben der Freundschaft" (1657) schrieb. Taylor kombiniert in gelungener Weise das Denken der Schriftsteller, die wir bereits untersucht haben, mit dem Evangelium, das die Freundschaft universal gemacht hat:

> „Christliche Nächstenliebe ist Freundschaft mit der ganzen Welt. Und als die Freundschaften die edelsten Dinge in der Welt waren, galt Nächstenliebe wenig, wie die Sonne in einem Lichtspalt oder ihre Strahlen in einem Brennglas. Aber christliche Nächstenliebe ist Freundschaft, weit wie das Gesicht der Sonne, wenn sie hinter den Bergen des Ostens aufgeht. ... Und je mehr wir lieben, desto besser sind wir, und je bedeutender unsere Freundschaften sind, desto teurer sind wir für Gott; lass sie so teuer, lass sie so vollkommen und so zahlreich sein, wie du kannst. Es gibt keine Gefahr darin. Nur dort, wo unsere Zurückhaltung anfängt, beginnt auch unsere Unvollkommenheit."[35]

Diese universale Reichweite von Freundschaft schließt eine besondere Zuneigung zwischen bestimmten Menschen nicht aus, denn „sogar unser gesegneter Heiland selbst liebte den heiligen Johannes und Lazarus mit einer besonderen Liebe, die sich in besonderem Umgang zu erkennen gab"[36].

Zwei Jahrhunderte später wies ein anderer anglikanischer Geistlicher in einer Predigt zum Fest des Evangelisten Johannes in ähnlicher Weise auf den „außergewöhnlichen Umstand" hin, dass der Sohn Gottes einen persönlichen Freund hatte. JOHN HENRY NEWMAN (1801–1890) wollte damit erklären, dass christliche Liebe nicht abstrakt und allgemein, sondern konkret und besonders ist. Sie beginnt mit jenen, die uns am nächsten sind, um dann hinaus zu gehen zu allen: „Die beste Vorbereitung dafür, die Welt allgemein zu lieben, sie ordnungsgemäß und mit Weisheit zu lieben, besteht darin, eine vertrauliche Freundschaft und Zuneigung zu denen, die unmittelbar zugegen sind, zu pflegen."[37] Es ist bestimmt kein Zufall, dass die letzte Predigt, die er in der anglikanischen Kirche hielt, den Titel „Der Abschied der Freunde" trug.

Trotz großer Unterschiede hinsichtlich Zeit, Ort und vielleicht Temperament, gibt es bei dem Thema, das uns hier interessiert, erstaunliche Parallelen zwischen Newman und dem heiligen Augustinus. Für beide war Freundschaft eine der Hauptsäulen der Existenz. Newman unterhielt sein ganzes Leben lang einen umfassenden Schriftwechsel mit Hunderten von Freunden, Männern wie Frauen. Der Umfang seiner Freundschaften schmälerte jedoch nicht ihre Tiefe: Newman pflegte immer besondere Beziehungen mit großer Intensität. Nachdem er im Jahr 1842 seine Karriere in Oxford aufgegeben hatte, ließ er sich im Dorf Littlemore nieder, versammelte eine Gruppe gleichgesinnter Freunde um sich, die zusammen nach Heiligkeit strebten und weckte damit den Verdacht, ein anglikanisch-katholisches Kloster zu errichten. Nach seiner Konversion zur römisch-katholischen Kirche brachte er die vom heiligen Philipp Neri gegründete Oratorianergemeinschaft nach England. Dessen Vision einer flexiblen

Gemeinschaft von Priestern, die ohne Gelübde zusammenleben und verschiedene Dienste übernehmen, beeindruckte ihn. Wie Augustinus hat auch Newman nie den Versuch unternommen, eine Theologie oder Ekklesiologie der Freundschaft zu entwerfen. Diese war für ihn eher eine praktische als theoretische Angelegenheit.

Der Pfarrer und Theologe DIETRICH BONHOEFFER (1906–1945), der aktiv am Widerstand gegen Hitler beteiligt war, wurde bereits am Anfang dieses Buches erwähnt. In ihm begegnen wir wieder einem Profil, das uns bereits vertraut ist: Bonhoeffer war ein Mann, der zu tiefer Freundschaft fähig und davon überzeugt war, dass eine Erneuerung der Kirche auf der Wiederentdeckung des Gemeinschaftslebens beruhte. Aber er hat die beiden Dimensionen nie ausdrücklich miteinander in Verbindung gebracht, obwohl er in dem von ihm gegründeten Predigerseminar der Bekennenden Kirche in Finkenwalde die Bekanntschaft eines Eberhard Bethge machte, der sein engster Freund und Jünger werden sollte. Finkenwalde war für Bonhoeffer nicht bloß ein Studienort, sondern ein Angebot gemeinschaftlichen Lebens, das von einer Kerngruppe angeregt wurde, die sich von der koinobitischen Lebensform besonders angezogen fühlte. Leider wurde dieser Versuch durch staatliche Eingriffe und Bonhoeffers spätere Verhaftung und Hinrichtung abgebrochen.

Scheinbar hat sich Bonhoeffer nur am Ende seines Lebens (in einem Brief vom 23. Januar 1944 aus dem Gefängnis an Bethge) ausdrücklich zum Thema Freundschaft geäußert – und dies nur als Antwort auf die Überlegungen seines Freundes. Neben einem Gedicht mit dem Titel „Der Freund", das er etwas später im gleichen Jahr an Bethge schrieb, sind dies die einzigen Zeilen, die wir von ihm zu diesem Thema haben. Dennoch ist klar, dass er Freundschaft als eines der höchsten Güter betrachtete und besonders ihre Verwurzelung in der Freiheit betonte: Freundschaft hat naturgemäß keine Hintergedanken. Bonhoeffer war der Auffassung, dass in einer Welt, die immer mehr von Leistung dominiert und darin durch die Betonung der Pflichten des preußischen Kulturprotestantismus bestärkt wird, nur noch die Kirche den Bereich der Freiheit und somit der Freundschaft verteidigen kann und soll. Gleichzeitig betrachtete er Freundschaft als von einer Gemeinschaft in Christus grundlegend verschieden. Hier steht er deutlich unter dem Einfluss einer lutherischen – und letztlich augustinischen – Neigung, Natur und Gnade zu trennen oder sogar einander entgegenzusetzen. Dies fällt im ersten Kapitel von *Gemeinsames Leben* auf, einem kleinen, einflussreichen Buch, das vom Experiment in Finkenwalde inspiriert ist. Darin zeigt Bonhoeffer ein starkes Misstrauen gegenüber allem, was menschliche Entscheidungen und Gefühle in einer christlichen Gemeinschaft erhöht und geht von einer scharfen Trennung zwischen „Spirituellem" und „Psychologischem", *agape* und *eros*, aus. Freundschaft gehört offensichtlich in den letzten Bereich, wodurch sie zu einer „vorletzten" Wirklichkeit wird, um eine Kategorie aus seinem unvollendeten Werk *Ethik* zu verwenden.

Bonhoeffer wurde tragischerweise im Alter von nur 39 Jahren aus dem Leben gerissen, weshalb wir uns vor einem Urteil über sein sich noch nicht abgeschlossenes Denken hüten sollten. Er hatte eine seltene Fähigkeit zu geistlichem und denkerischem Wachstum. Wenn er länger gelebt hätte, wäre er vielleicht zu einer Vorstellung der Kirche, *sanctorum communio*, als einer Gemeinschaft von Freunden gekommen.

Als nächstes wenden wir uns einer Zeitgenossin Bonhoeffers zu: SIMONE WEIL (1909–1943), eine Intellektuelle, die aktiv im französischen Widerstand kämpfte. Sie stammte aus einer jüdischen Familie, die ihren Glauben jedoch nicht praktizierte und wurde später stark vom Evangelium beeinflusst, auch wenn sie wohlüberlegt die Entscheidung traf, sich nicht taufen zu lassen. In ihrem Buch *Warten auf Gott* setzt sie sich mit dem Thema Freundschaft von einem völlig anderen Standpunkt aus auseinander als alle anderen Denker, die wir bisher betrachtet haben, auch wenn sich in ihrem Beharren auf Freiheit eine unerwartete Parallele zu Bonhoeffer finden lässt.

Nach Simone Weil tendiert natürliche Zuneigung dazu, auf einer notwendigen Beziehung zu beruhen, und Notwendigkeit erzeugt auf Dauer Abneigung und Hass. Reine Freundschaft übertrifft die Natur: Sie ist ein Wunder, das Notwendigkeit mit dem Respekt für die Unabhängigkeit und Freiheit des anderen versöhnt. Insoweit sie den anderen als anderen bejaht, behält sie eine Distanz, die ihr einen „objektiven" Wert gibt. In diesem Sinne ist sie allumfassend. „Sie besteht darin, dass man ein menschliches Wesen liebt, wie man von allen, aus denen das menschliche Geschlecht sich zusammensetzt, jeden Einzelnen im besonderen lieben möchte." Ferner hat Freundschaft, die Christus gehorcht, ein sakramentales Wesen. „‚Wenn zwei oder drei von euch versammelt sind in meinem Namen, so bin ich mitten unter ihnen.' Die reine Freundschaft ist ein Bild der ursprünglichen und vollkommenen Freundschaft, wie sie der Trinität eignet und wie sie das innerste Wesen Gottes ausmacht. Ohne die Gegenwart Gottes in jedem von beiden ist es unmöglich, dass zwei menschliche Wesen eines sind und dennoch auf das gewissenhafteste den trennenden Abstand zwischen sich einhalten. Der Schnittpunkt der Parallelen liegt im Unendlichen."[38]

Bisher haben wir uns fast ausschließlich mit christlichen Zeugen aus dem Westen beschäftigt, daher ist es angebracht, an dieser Stelle einen Repräsentanten der Ostkirche zu nennen, der auch ein Märtyrer des 20. Jahrhunderts war, nicht unter Hitler, sondern unter Stalin. PAWEL FLORENSKI (1882–1937) war ein russischer Wissenschaftler, Erfinder, Philosoph und Priester, der zu innerstaatlicher Verbannung und Gefangenenlager verurteilt und schließlich von der sowjetischen Geheimpolizei hingerichtet wurde. Seine facettenreiche Genialität und seine enzyklopädische Breite an Interessen führten dazu, dass man ihn den russischen Leonardo da Vinci nannte. Florenskis erstes veröffentlichtes Werk *Der Pfeiler und die Grundfeste der Wahrheit. Versuch einer orthodoxen Theodizee in zwölf Briefen* enthält einen langen Traktat über die Freundschaft (Brief XI), der mit einer meisterhaften Analyse der „vier Lieben" in der griechischen Welt, sowohl klassisch als auch christlich, beginnt, die um Jahrzehnte älter ist als C. S Lewis' Beschäftigung mit dem Thema. Nach Florenski gründet sich die heidnische Gesellschaft auf *eros* als einem persönlichen und auf *storgē* als einem allgemeinen Prinzip. In der christlichen Gesellschaft jedoch wurden diese Arten der Liebe jeweils durch eine vertiefte und verwandelte Form von *philía* und *agapē* ersetzt. Letztere war im Gemeinschaftsleben der ersten Christen und später in Gemeinden und koinobitischen Gemeinschaften verkörpert und wird durch den Begriff „Bruder" versinnbildlicht. Freundschaft aber bezieht sich auf tiefere und vertrautere Beziehungen, die bis zu einem „mystischen Einsseins" gehen können. Das zeigt sich im Neuen Testament symbolisch in der Aussendung der Jünger in Zweierpaaren. „Beide Seiten des kirchlichen Lebens, d. h. die *agapische* und die *philische* Seite, die Brüderlichkeit und die Freundschaft verlaufen in vielem einander parallel. ... In den Punkten der größten Bedeutsamkeit, auf ihren Höhen, suchen beide Ströme, die Brüderlichkeit und die Freundschaft, sich vollständig miteinander zu vereinigen. ... Aber nichtsdestoweniger sind sie nicht zurückführbar aufeinander; jede ist in ihrer Art für die kirchliche Ökonomie notwendig, in Verbindung damit und gleichwie das persönliche Schaffen und die Stetigkeit der Tradition jedes in seiner Art notwendig sind."[39]

Unser letztes Beispiel stammt aus den Schriften zweier deutscher, lutherischer Theologen, JÜRGEN MOLTMANN und ELISABETH MOLTMANN-WENDEL. Ersterer fügt in seinem Buch *Kirche in der Kraft des Geistes* (1975) zu den traditionellen Titeln des Heilands „Jesus der Freund" hinzu, da dieser „das innere Verhältnis sowohl der Gottesgemeinschaft wie der menschlichen Gemeinschaft"[40] am besten beschreibe. „Freund" ist kein Titel, sondern eine persönliche Kompetenz. Wenn alle gesellschaftlichen Masken fallen, bleibt Freundschaft bestehen. Sie ist die positive Seite einer klassenlosen Gesellschaft, in der es keine durch Vorherrschaft geprägten Beziehungen gibt. Freundschaft zwischen Menschen und Gott zeigt sich vor allem in vertrauensvollem Gebet und im Zuhören (vgl. Lk 11,5ff). Sie ist von Freiheit und Freude gekennzeichnet. Die moderne Gesellschaft hat Freundschaften privatisiert und zu einer vorwiegend gefühlsbetonten und persönlichen Angelegenheit gemacht. Christen müssen Freundschaft deshalb „entprivatisieren" und ihren öffentlichen Charakter wiederentdecken. Die Aufgabe der Kirche ist es, eine solche Form von Freundschaft auszuleben: „Die *congregatio sanctorum*, die Gemeinde von Brüdern, ist eigentlich die Gemeinschaft der Freunde, die in der Freundschaft Jesu leben und Freundlichkeit in der Gesellschaft ausbreiten, indem sie den Verlassenen mit Zuneigung und den Verachteten mit Achtung begegnen."[41] Die notwendige Reform der Kirche benötigt vor allem eine Wiederentdeckung der Gemeinschaft, der Freundschaft auf ganz grundlegender Ebene, wenn institutionelle Veränderungen nicht bloß leere Worte bleiben wollen.

In ihrem Buch *Wach auf, meine Freundin: Die Wiederkehr der Gottesfreundschaft*, untersucht Elisabeth Moltmann-Wendel die Erfahrungen von Frauen und legt eine Betrachtung der Maria Magdalena und ihrer Beziehung zu Jesus als eine Weise dar, den Begriff einer auf Freundschaft erbauten Kirche zu vertiefen. Sie sieht in Zärtlichkeit und *eros* „die stürmischen ersten Schritte auf dem Weg zu einer Kultur der Freundschaft" (S. 86), einer Freundschaft, die danach strebt, den eigenen Körper und auch die Erde mit einzuschließen.

HIN ZU EINER THEOLOGIE DER FREUNDSCHAFT

Der Begriff Freundschaft als Bezeichnung der christlichen Botschaft und des Lebens ihrer Anhänger hat also eine sehr lange Geschichte. Obwohl er niemals den Mittelpunkt einnimmt, taucht er im Laufe der Jahrhunderte immer wieder auf. Zum Abschluss dieses Kapitels will ich versuchen, einige Fäden dieser Geschichte aufzunehmen und in eine einheitliche Perspektive zu bringen.

Der historische Überblick auf den vergangenen Seiten zeigt, dass eine Beschäftigung Nichtgläubiger mit diesem Thema entweder aus konkreten Freundschaftserfahrungen (Cicero) oder eher abstrakter philosophischer Betrachtung (Empedokles, Aristoteles) hervorgeht. Christen gehen bei einer Untersuchung dieses Themas entweder, wie Augustinus oder Aelred, von einer menschlichen Anschauung der Dinge aus oder orientierten sich, indem sie das Evangelium reflektierten, an Gottes Sichtweise. Der heilige Thomas von Aquin wählt, obwohl er sich stark auf die Analyse der Freundschaft bei Aristoteles beruft, den zweiten Weg. Das wichtigste Gegenargument, das er gegen die Einwände bezüglich der Frage „Ist *caritas* Freundschaft?" (ST II-II, 23.1) aufbringt, stammt nicht von Aristoteles, sondern kommt aus dem vierten Evangelium. Wenn wir theologisch argumentieren wollen, sollten wir uns an Thomas halten und bei der göttlichen Offenbarung beginnen.

In Mt 11,19 wird Jesus „Freund der Zöllner und Sünder" genannt. Auch wenn dies als Beleidigung gemeint ist, wird dadurch besonders treffend auf Jesu Handlungsweise Bezug genommen, die sich zum Beispiel in seiner Tischgemeinschaft mit den Außenseitern zeigt, was die frommen Gläubigen in jenen Tagen ziemlich schockierte (vgl. Mt 9,10ff). Jesus bezeichnet sich selbst als Arzt, der sich vorrangig um die Kranken kümmert. In ihm offenbart sich Gott als der Eine, der zuallererst auf die Menschen zugeht, die am weitesten weg sind, um sie in Verbundenheit mit ihm und untereinander zu bringen. Wenn wir nach Mt 11,19 diese Haltung als Freundschaft definieren, können wir sagen, dass göttliche Liebe sich verwirklicht, indem man sich bemüht, Freundschaften zu schließen, und alles daransetzt, dass unfreundliche oder gleichgültige Menschen sich so verändern, dass mit ihnen ein gemeinsames Leben möglich ist.

Auch wenn Paulus die Wörter „Freund" oder „Freundschaft" nicht benutzt, erwägt er ebenfalls den Übergang von einem Status außerhalb zu einer Position innerhalb des Kreises als bezeichnend für Gottes Handeln in Christus. Paulus nennt diesen Umbruch von Ausschluss zu Einbindung „Versöhnung":

„Gott aber hat seine Liebe zu uns darin erwiesen, dass Christus für uns gestorben ist, als wir noch Sünder waren. ... Da wir mit Gott versöhnt wurden durch den Tod seines Sohnes, als wir noch (Gottes) Feinde waren, werden wir erst recht, nachdem wir versöhnt sind, gerettet werden durch sein Leben. Mehr noch, wir rühmen uns Gottes durch Jesus Christus, unseren Herrn, durch den wir jetzt schon die Versöhnung empfangen haben" (Röm 5,8.10f; vgl. 2 Kor 5,17-21).

Gottes Grundanliegen war es, in Christus das Universum mit sich zu versöhnen. Dieser Umbruch von Feindschaft zu Freundschaft geschieht endgültig in der Selbsthingabe Christi am Kreuz (vgl. Kol 1,19-22). Gleichzeitig zeigen die eben zitierten Texte aus dem Matthäusevangelium, dass das Handeln Jesu auf Erden bereits das Gesicht eines Gottes offenbart, der leidenschaftlich darum ringt, Feinde in Freunde zu verwandeln.

Während das Bild der gemeinsam mit Jesus am Tisch versammelten Außenseiter der Gesellschaft markant den Grund seines Daseins ausdrückt, ist es im Konkreten die Gemeinschaft der Jünger, die auf lange Sicht mit Jesus an einem Tisch sitzen. Daher ist es nicht überraschend, dass Jesus sie im Johannesevangelium als Freunde bezeichnet:

„Ich nenne euch nicht mehr Knechte; denn der Knecht weiß nicht, was sein Herr tut. Vielmehr habe ich euch Freunde genannt; denn ich habe euch alles mitgeteilt, was ich von meinem Vater gehört habe. Nicht ihr habt mich erwählt, sondern ich habe euch erwählt und dazu bestimmt, dass ihr euch aufmacht und Frucht bringt. Dann wird euch der Vater alles geben, um was ihr ihn in meinem Namen bittet. Dies trage ich euch auf: Liebt einander!" (Joh 15,15-17).

Wir haben mehrfach gesehen, dass freundschaftliche Liebe durch ein drittes Element, das die Freunde gemeinsam haben, gekennzeichnet ist: Diese Liebe ist im Wesentlichen dreidimensional. In dieser Perikope des Evangeliums erklärt Jesus, dass die Jünger nun seine Freunde sind, weil er sie erwählt und ihnen die gesamte Botschaft, die der Vater ihm gegeben hatte, mitgeteilt hat. Das gemeinsame Element, das zwischen Jesus und seinen Jüngern eine Freundschaft entstehen lässt, ist also die Offenbarung, die letztlich vom unsichtbaren Gott kommt, mit anderen Worten: die Antwort auf die Fragen „Wer ist Gott?" und „Wer sind wir?". An anderen Stellen nennt Johannes dies „die Wahrheit" (vgl. Joh 8,32; 14,6; 17,17; 18,37). Diese Wahrheit ist nicht bloß geistig, sondern geht einher mit einer Lebensweise, die im Gebot gegenseitiger Liebe zusammengefasst ist. Doch sollten wir dieses Gebot nicht als ein äußerliches Gesetz verstehen, es ist das Geschenk der Liebe Gottes; es ist Gottes Leben, das in uns wirkt. Deshalb wäre es nicht abwegig zu sagen, dass das gemeinsame Element, das uns zu Freunden Jesu macht (bei Aristoteles *koinonía* genannt) zuallererst seine Botschaft, das Evangelium, ist, darüber hinaus aber noch tiefer gehend das Leben der Liebe, welches er mit seinem Vater teilt und uns mit-teilt. Kurz gesagt: Es ist der „Geist der Wahrheit" (Joh 14,17), der Leben gibt (6,63) und Jesu Nachfolger zur Fülle der Wahrheit führt (14,26; 16,13).

Wenn die Teilhabe an der Liebe, die der Vater dem Sohn und der Sohn uns mitteilt, nun das Wesen des Christseins ausmacht, dann brauchen wir dieselbe Liebe, um unsere Identität authentisch zu leben. Wir sind dazu berufen, *Freundschaften zu schließen* und *Freunde zu sein*. Diese Parallelen können uns helfen, zwei Dilemmata zu vermeiden, durch die es oft zu Problemen im Verständnis der allumfassenden Liebe Gottes auf der einen und Freundschaft auf der anderen Seite gekommen ist. Manche Autoren wundern sich, dass fast ausschließlich die johannei-

schen Schriften die „gegenseitige" Liebe erwähnen,
während Matthäus und Lukas vor allem von der Feindesliebe sprechen (vgl. Mt 5,43ff; Lk 6,27ff). Johannes möchte
sicherlich nicht den allumfassenden Charakter christlicher Liebe leugnen. Vielmehr verweisen seine Worte auf
die vollkommene Verwirklichung dieser Liebe, einer Liebe die in Gegenseitigkeit „vollendet wird" (1 Joh 4,12; vgl.
4,17f; 2,5). Feindesliebe bezieht sich eher auf den Versuch,
Freundschaften zu schließen. Wenn die früheren Feinde oder
Fremden in den Kreis der Freundschaft aufgenommen
wurden, indem sie ihre Herzen für die Liebe, die ihnen
gezeigt wurde, geöffnet und diese erwidert haben, ist die
freundschaftliche Liebe, die im Wesentlichen *caritas* ist,
gegenwärtig und kann beginnen zu wachsen.

Weiterhin haben wir gesehen, dass die klassische Vorstellung von Freundschaft den Wert des Austauschs zwischen Freunden so stark betont, dass sie dazu neigt,
Freundschaft auf einige wenige Beziehungen zu beschränken. Christliche Autoren haben mehr oder weniger
erfolgreich versucht, dieses begrenzte Freundschaftsverständnis mit der universalen Grundhaltung ihres Glaubens zu vereinbaren. Vielleicht können die oben genannten Kategorien uns helfen, hier eine Lösung zu finden:
Der Aufruf des Evangeliums, Freundschaften zu schließen, ist insoweit allumfassend, dass alle Menschen als
mögliche Freunde behandelt werden sollen. Wenn jemand
dieses Angebot annimmt, kann die gegenseitige freundschaftliche Liebe in einer Beziehung Gestalt annehmen.
Aber auch hier bedarf Freundschaft einer Entwicklung,
die maßgeblich von den Eigenschaften und Möglichkeiten der Betroffenen geprägt wird. Befreundet zu sein ist
weder ein Alles-oder-nichts-Zustand noch eine statische
Gegebenheit. Freundschaft muss gepflegt werden: Sie besteht in einem dynamischen Kontinuum, das ausgehend

von gemeinsamen Unternehmungen oder Ansichten zu einer lebenslangen Kameradschaft führt, in welcher der Freund zu einem wahren *alter ego*, einem anderen Selbst, wird. Um in Freundschaft wachsen zu können, muss das eigene Herz verwandelt werden; es muss tiefer und weiter werden. Das Vorbild ist das Herz Christi selbst. Wer sich ihm annähert, wird fähig, allen ein Freund zu sein.

Wir beschließen dieses Kapitel mit einem Zitat von Charles de Foucauld (1858–1916), Eremit in der Sahara und Apostel der Tuareg, dessen Leben einige geistliche Familien der Kirche inspiriert hat:

„Der Christ soll in jedem Menschen den geliebten Bruder, die geliebte Schwester sehen. Wenn der andere sündigt, wenn er nichts von Gott wissen will, ist er krank, sehr krank. Man soll für ihn tiefes Mitleid empfinden und sich herzlich um ihn sorgen, wie um einen, der von Sinnen ist. Nicht-Christen mögen Christen gegenüber manchmal feindlich gesinnt sein, ein Christ aber soll sich jedem Menschen gegenüber immer wie ein liebevoller Freund verhalten. In seinem Herzen soll er solche Gefühle hegen, wie Jesu Herz sie den Menschen entgegengebracht hat."[42]

IV – Ein Gleichnis der Gemeinschaft

Wie ich bereits in der Einleitung angedeutet habe, war der Grundimpuls zum Schreiben dieses Buches ein autobiografischer. Er ergab sich aus persönlichen Erfahrungen in der Gemeinschaft, der ich angehöre, vor allem aus ihrem Bezug zu den jungen Besuchern, die nun seit vielen Jahren einen großen Teil unserer Zeit und Energie in Anspruch nehmen. Diese Umstände erlauben uns, ein konkretes Beispiel von Freundschaft genauer zu untersuchen, bevor wir allgemeinere Folgerungen über die Bedeutung von Freundschaft im Verständnis der christlichen Botschaft und im Leben der Kirche ziehen. Diese Darstellung soll uns helfen, besser verstehen zu können, was es heißt oder nicht heißt, „Freunde in Christus" zu sein. Wenn ich in diesem Kapitel also ausschließlich über die Gemeinschaft von Taizé und ihre Aufgabe spreche, dann tue ich das nicht, weil es das einzig mögliche oder das beste Beispiel wäre, sondern einfach deshalb, weil ich dieses Beispiel am besten kenne und es mich dazu geführt hat, dieses Thema zu untersuchen. Mit der Beschreibung unserer Lebensweise möchte ich vor allem den auf diesen Seiten dargestellten Begriff einer universalen Freundschaft ausarbeiten, damit er nicht abstrakt oder gar utopisch bleibt.

Brüder um Christi und des Evangeliums willen

Viele Leute kennen Taizé vor allem durch die kurzen Wiederholgesänge, die heute in Kirchen in aller Welt erklingen, oder als eine meditative Gebetsform, die in Gesang und Stille verwurzelt ist. Für andere, vor allem in Europa, ist dieser Name mit einem Ort im Osten Frankreichs verbunden, zu dem viele junge Erwachsene ziehen, um dort andere zu treffen und ihren christlichen Glauben zu vertiefen. Obwohl alle diese Elemente Teile eines großen Puzzles sind, fehlt noch der Verbindungspunkt: Das Herzstück des Lebens auf dem Hügel in Frankreich und die Quelle des Lobpreises und der Musik, die mittlerweile auf jedem Kontinent bekannt ist, bildet eine monastische Gemeinschaft von etwa 100 Brüdern, die aus 25 verschiedenen Ländern kommen und unterschiedlichen christlichen Traditionen angehören.

Die Geschichte der Gemeinschaft von Taizé nahm ihren Anfang zu Beginn des Zweiten Weltkrieges. Im August 1940 verließ der 25-jährige Theologiestudent Roger Schutz-Marsauche aus der französischsprachigen Schweiz seine Heimat und kam nach Frankreich. Seine Sorge über den wachsenden Individualismus in der Gesellschaft, der seine Spur auch in der Kirche hinterließ, und die Überzeugung, dass existenzielle Zeichen zur Verdeutlichung der Wahrheit und Schönheit des Evangeliums vonnöten waren, führten ihn dazu, sich mit der jahrhundertealten Tradition gemeinsamen Lebens in der Kirche und ihrer möglichen Relevanz für unsere Zeit auseinanderzusetzen.

Der junge Mann, der später Frère Roger heißen sollte, hatte kein Interesse daran, eine Gemeinschaft bloß oder primär um derer willen zu gründen, die einmal ihre Mitglieder werden würden. Es ist beeindruckend, wenn man sich vor Augen führt, wie er von Anfang an koinobitisches Leben anhand seines Zeichenwertes rechtfertigte. In einem kleinen Buch, das er 1944 veröffentlichte, als die entstehende Gemeinschaft gerade vier Mitglieder zählte, schrieb er:

„Die Verkündigung des Wortes muss immer durch die des Beispiels vervollständigt werden. Eine Lebensgemeinschaft könnte in der Kirche also ein Bild christlicher Gemeinschaft sein, ein lebendiges Bild, mit deutlichen Konturen und somit ansprechender für die individualistische Grundhaltung unseres Jahrhunderts."[43]

In jenen ersten Jahren wiederholte er oft die Worte Jesu im Johannesevangelium: eins sein, damit die Welt glaubt (vgl. Joh 17-21-23). In einer anderen frühen Arbeit erklärte er:

„Wir wollen nichts anderes als Menschen zusammenbringen, die sich auf die Nachfolge Christi einlassen, um ein existenzielles Zeichen der Einheit der Kirche zu sein. Ein Leben in Gemeinschaft ist ein Mikrokosmos der Kirche. Er fasst die ganze Wirklichkeit der Kirche zusammen. Das unscheinbare Zeichen einer Gemeinschaft kann darum einen Widerhall finden, der weit über die Grenzen der Menschen, die sie bilden, hinausgeht. Nötiger als Ideen sind für die Welt von heute Bilder. Eine Idee, die nicht in einer sichtbaren Wirklichkeit Ausdruck findet, kann nicht glaubwürdig werden, es sei denn, sie wäre nichts mehr als Ideologie. Ein Zeichen mag noch so schwach sein; es gewinnt seinen Wert, wenn es eine Lebenswirklichkeit wird" (DV 98f; vgl. EP 25).[44]

Auch viele Jahre später ist sein Augenmerk dasselbe:

„Wer bist du, kleine Communauté? ... Etwa ein Zusammenschluss von Männern, um zur Verwirklichung eigener Vorhaben gemeinsam als Menschen stärker zu sein? [Nein.] Führen wir etwa ein gemeinsames Leben, um uns zusammen wohlzufühlen? Nein, wenn die

Communauté damit ihren Zweck in sich selbst hätte und es so möglich würde, sich in ihr kleine Nester zu bauen. Um zusammen glücklich zu sein? Ja, gewiss, aber in der opfernden Hingabe unseres Lebens. Wer bist du, kleine, auf verschiedene Orte der Welt verteilte Communauté? Ein Gleichnis der Gemeinschaft, ein einfacher Widerschein jener einzigartigen Gemeinschaft, die der Leib Christi, seine Kirche, ist, und dadurch auch ein Ferment in der Menschheitsfamilie" (VF 58).

Bild, Zeichen, Mikrokosmos, Widerschein ... In der Regel von Taizé, dem Text, den Frère Roger in den Jahren 1951/52 verfasste und sein ganzes Leben lang immer wieder umschrieb – mit dem Ziel, einige entscheidende Elemente des Abenteuers, auf das er sich eingelassen hatte, festzuhalten – finden wir einen Schlüsselbegriff, der in gewisser Weise seine Vision von der Bedeutung einer christlichen Gemeinschaft zusammenfasst:

„Der Herr Jesus Christus hat dich in seinem Erbarmen und in seiner Liebe zu dir dazu berufen, in der Kirche ein Zeichen brüderlicher Liebe zu sein. Er will, dass du mit deinen Brüdern das Gleichnis des gemeinsamen Lebens verwirklichst" (LL 97f).

Eine Gemeinschaft als ein Gleichnis, ein Gleichnis der Einheit und der Verbundenheit. Das Wort „Gleichnis" betont, über die Tatsache hinaus, dass die Gemeinschaft nicht nur als Selbstzweck, sondern zur Mitteilung der Botschaft des Evangeliums existiert, dass spezifische Details dieser Lebensform an sich nicht von Bedeutung sind; es war nicht beabsichtigt, selbst ein Modell oder Beispiel zu bieten, das nachgeahmt werden soll. Taizé ist eine bestimmte Form, die Geschwisterliebe zu leben, zu der alle Christen berufen sind. Ebenso wie Jesus viele Geschichten erzählte, um seine Lehre zu erläutern, gibt es und wird es immer eine Vielfalt unterschiedlicher gelebter Gleichnisse geben – vielleicht genauso viele, wie es Gläubige gibt.

Eines der Gleichnisse Jesu, das für Frère Roger immer besonders wichtig war, um die Bedeutung des Gemeinschaftslebens zu erklären, ist das vom Sauerteig (vgl. Mt 13,33):

„Wenn das gemeinsame Leben sich auflädt mit der ihm eigenen Kraft, wenn es sich füllt mit dem frischen Geist brüderlichen Lebens, der es auszeichnet, dann ist es – heute wie nie zuvor – Hefe im Teig. Es birgt explosive Kraft. Es kann Berge von Gleichgültigkeit versetzen und den Menschen auf unersetzbare Weise die Gegenwart Christi vermitteln. In den düsteren Zeiten war oft eine Handvoll Männer und Frauen – über die ganze Welt verteilt – imstande, den Ablauf geschichtlicher Entwicklungen umzukehren, weil sie hofften, wo nichts mehr zu hoffen war. Was dem Zerfall preisgegeben schien, geriet in den Strom einer neuen Dynamik" (DV 17).

Frère Rogers Vorstellung des Gemeinschaftslebens verbindet also in einer Art und Weise, die an die johanneischen Schriften des Neuen Testaments erinnert, die gegenseitige Liebe unter den Christusgläubigen mit einer universalen Perspektive. Diese beiden Wirklichkeiten stehen weder in Spannung zueinander, so als ob man wählen müsste, welcher man den Vorrang gibt, noch sind sie zwei getrennte Dimensionen des Lebens in der Nachfolge. Eine Gemeinschaft von Gläubigen ist ursprünglich, weil sie die Grundbedeutung ihrer christlichen Identität zum Ausdruck bringt (vgl. Joh 13,34f). Diese Gemeinschaft wird, wie wir in der Apostelgeschichte sehen, durch das

Teilen spiritueller und materieller Güter unter den Jüngern Christi, welche sich selbst als Mitglieder einer Familie verstehen, am sichtbarsten; kurz gesagt: im gemeinschaftlichen Leben. Und dieses Leben sollte so weit wie möglich ein Gleichnis sein, das „für sich selber spricht", ohne Erklärungen (BW 47); es ist, über jegliche Wortpredigt hinaus, die wirksamste Verkündigung der christlichen Botschaft. Eine christliche Gemeinschaft existiert also nicht um ihrer selbst willen, sondern für die Kirche und die gesamte Menschheit. Genauer gesagt: Ihr tiefstes Grundprinzip ist es, menschlichen Beziehungen des Wohlwollens und der Güte Ausdruck zu verleihen; die Verbindung durch Christus mit Gott verleiht der Gemeinschaft eine dynamische Kraft, die sich unaufhaltsam auf „die gesamte Welt" ausdehnt (vgl. 1 Joh 2,2).

FREUNDSCHAFT, DAS GESICHT CHRISTI

Der Gründer von Taizé zögerte nicht, das Wort „Freundschaft" im Kontext dieser Berufung zu einem Leben für Christus zu verwenden. Für ihn war Freundschaft in gewissem Sinne die menschliche Seite der Kirche:

„Zwar erwächst der Glaube nicht aus der menschlichen Freundschaft, findet aber in ihr eine Stütze. So ist es über eine Kette von Freundschaften hinweg seit der ersten christlichen Gemeinde – so sehr, dass, was zählt, nicht mein Glaube ist, sondern der der Kirche" (GF 107).

Seine leidenschaftliche Sorge um die Versöhnung unter den Christen führte Frère Roger dazu, sich weltweit mit vielen unterschiedlichen Leuten anzufreunden (DV 44; EP 45). Er schätzte vor allem die Freundschaft mit Nichtgläubigen (GF 109). Einige seiner Freundschaften besaßen, auch wenn sie nur von kurzer Dauer waren, eine „außergewöhnliche Vertrautheit", sodass er schreiben konnte: „Kein Bild Gottes auf Erden ist lichtvoller" (GF 107) und: „Freundschaft ist das Antlitz Christi" (F 97).

Dabei war Frère Rogers „Feier der Freundschaft" nicht unkritisch: Um authentisch zu sein, muss sich jede menschliche Vertrautheit ihrer Grenzen bewusst werden und diese annehmen:

> „Dringt man in sich selbst ein, so muss man allerdings feststellen, dass jede intime Beziehung, auch die des noch so eng vereinigten Paares, ihre Begrenzung kennt. Jenseits dieser Grenze sind wir einsam. Wer dieses Naturgesetz nicht wahrhaben will, gerät mit seinem Widerstand notwendig in einen Zustand der Revolte. Nimmt man aber diese fundamentale Einsamkeit an, dann gelangt man auf den Weg des Friedens. Und dem Christen eröffnet sich damit eine unbekannte Dimension seines Verhältnisses zu Gott. Einstimmung in diese Einsamkeit, in diese Grundbedingung allen Menschenlebens öffnet für die Intimität mit dem Einen, der uns aus der drückenden Einsamkeit dessen reißt, der stets nur mit sich selbst zu tun hat" (DV 122; vgl. EP 111-113).

Einige Jahre später fragte er:

> „Liegt nicht die Quelle des brennenden Durstes nach zwischenmenschlichen Beziehungen in der Vorahnung einer anderen, wesentlicheren Gemeinschaft, die einmal mit Christus erreicht wird?" (GF 108).

In der Tat ist „unser Verhältnis zu [Christus] eine Freund-schaftsbeziehung", auf Etappen scheinbarer Gleichgültig-keit folgen neue Anfänge (LS 87). Diese Freundschaft wird vor allem im Gebetsleben verwurzelt und vertieft, sodass ein gemeinsames Gebet mit anderen das klarste Bild für Gemeinschaft ist: „Es geht über in eine Feier der Freund-schaft" (F 34). Frère Roger hat deutlich erkannt, dass menschliche Freundschaften für einen Christen letztlich in einer Freundschaft mit Christus gründen, in einem in-neren Leben, aus dem wir ständig das „lebendige Wasser" der Liebe Gottes schöpfen. Wo diese Verwurzelung fehlt, läuft Freundschaft Gefahr, eine oberflächliche Kamerad-schaft zu werden, die das Risiko in sich birgt, die Suche nach einer wahren Gemeinschaft der Herzen und Seelen zu verdecken oder sogar zu ersetzen. Gelegentlich sprach Frère Roger zu den Brüdern über die Gefahren dieser Ka-meradschaft, welche eine Oberflächlichkeit in menschli-chen Beziehungen anzeigt, die in Wirklichkeit eine Kari-katur echter Beziehungen ist.

„Die Menschen, die zu uns kommen ... suchen Men-schen, die Gott ausstrahlen. Das setzt ein in Gott ver-borgenes Leben voraus, damit in uns die Präsenz Christi neu lebendig werde. Wir wollen ein vertieftes Leben bewahren, alle fiebrige Geschäftigkeit meiden und es doch verstehen, zu jeder Zeit Menschen der Gastfreundschaft und der Offenheit zu bleiben. Die Fa-miliarität, wie sie manche unserer Gäste gerne hätten, würde recht bald unsere Berufung entwerten und die Erwartung des Gastes selbst enttäuschen. Der Geist der Kameradschaft, weder für die einen noch für die ande-ren von Nutzen, verschleiert die Berufung und diskre-ditiert sie. Er schafft die Illusion einer Kommunikation" (EP 45).

Auch die „Regel von Taizé" ermutigt uns, niemals die Tatsache aus dem Blick zu verlieren, dass wahre Freundschaft extrem fordernd ist: „Es gibt keine Freundschaft ohne reinigendes Leiden. Es gibt keine Nächstenliebe ohne das Kreuz. Das Kreuz allein lässt uns erkennen, wie unergründlich tief die Liebe ist" (R 47).

Taizé und die Jugendlichen

Seit den 60er- und – mit deutlicher Zunahme! – in den frühen 70er-Jahren machten sich nach und nach immer mehr Studenten und junge Erwachsene auf den Weg zum Hügel von Taizé. Die Brüder hatten Jugendworkcamps und andere Zusammenkünfte, besonders für junge Leute, organisiert. Die Anzahl der Besucher begann nun plötzlich, vor allem durch Mundpropaganda, explosionsartig zu steigen. Man muss sich dabei vor Augen führen, dass es in diesen Jahren dramatische Veränderungen in der Gesellschaft gab. Die geburtenstarken Jahrgänge der Nachkriegszeit wurden erwachsen und suchten nach neuen Antworten auf persönliche Lebensfragen, für die Gesellschaft und auch für die Kirche. Obwohl die Brüder von dieser unvorhergesehenen Entwicklung zunächst überrumpelt wurden, konnte es keinen Zweifel daran geben, dass Taizé die Herausforderung annehmen musste, um dem Hauptgrund seines Daseins treu bleiben zu können. Frère Roger zögerte kaum: Es war notwendig, die jungen Menschen, die auf der Suche waren, zu empfangen, ihren Fragen, Enttäuschungen und Forderungen zuzuhören und mit ihnen das, was im Leben und Glauben der Gemeinschaft wesentlich war, zu teilen. Diese Bereitschaft zur Gastfreundschaft erforderte grundlegende Veränderungen in der Lebensweise der Gemeinschaft: Das deutlichste Zeichen dafür war die Entscheidung, zu Ostern 1972 die Rückwand der gerade erst gebauten Kirche der Versöhnung abzureißen und dort ein großes Zelt anzubringen, um die unerwartet großen Pilgerströme unterbringen zu können.

So wurde Taizé zu einem Ort, an dem die jungen Leute zusammenkommen konnten. Vierzig Jahre später wird das Kommen und Gehen der jungen Besucher nicht weniger. Dies ist wahrscheinlich genauso bezeichnend wie die Tatsache, dass sie überhaupt erst gekommen sind. Die Jugendlichen des Jahres 2010 sind weder die von 1970, noch die von 1990. Und doch kommen immer wieder welche.

Warum kommen sie? Das ist die magische Frage, die uns oft gestellt wird. Unsere erste Antwort ist immer, dass wir darüber genauso erstaunt sind wie jeder andere. Die Brüder waren im Bereich der Jugendarbeit weder ausgebildet noch darauf vorbereitet worden. Sie versuchten, so gut sie konnten, auf die Herausforderungen zu reagieren und dabei im Einklang mit ihrem eigenen Leben und Glauben zu bleiben. Das ist sicherlich einer der Gründe, warum ein Aufenthalt in Taizé von den jungen Leuten, die dorthin kommen, als sinnstiftend erlebt wird. Sie hatten nie den Eindruck, „Objekte" einer bewussten oder beabsichtigten Strategie zu sein. Stattdessen waren sie eingeladen, an einem gemeinsamen Unternehmen teilzuhaben, das zuallererst für die Brüder selbst von Bedeutung war: dem „Pilgerweg des Vertrauens auf der Erde".

Wenn man die Jugendlichen selbst fragt, warum sie nach Taizé kommen, erhält man alle möglichen Antworten. Es gibt junge Leute, die in einer christlichen Gemeinde oder Bewegung aktiv sind und mit dem Ziel kommen, ihren Glauben zu vertiefen. Andere wissen wenig über das Christentum und kommen nach Taizé, weil sie von den Erfahrungen Gleichaltriger gehört haben, weil sie von anderen jungen Leuten „angesteckt" worden sind. Oft ist es die Neugier, welche die jungen Erwachsenen zum ersten Mal nach Taizé führt. Die sich auf den Weg zum Hügel von Taizé machen, sind in ihren Erwartungen und Beweggründen so verschieden, dass man keine einheitliche Motivation erkennen kann. Es ist sinnvoller zu fragen, was sie dort finden und warum sie es mit anderen teilen und selber wieder zurückkommen wollen.

Wenn man eine Gruppe junger Pilger fragt, was den größten Eindruck auf sie gemacht hat, hört man verschiedene Varianten der immer gleichen drei Antworten: Sie erwähnen die Chance, andere Gleichaltrige unterschiedlicher Herkunft zu treffen, die Erfahrung des gemeinschaftlichen Gebetes und die Einfachheit des Lebens auf dem Hügel. Betrachten wir nun der Reihe nach jede dieser drei Facetten des Lebens in Taizé, um herauszufinden, wie sie unsere Betrachtungen erhellen können.

LEBEN IN EINEM GLOBALEN DORF

Wenn die jungen Erwachsenen zum ersten Mal nach Taizé kommen, meistens an einem Sonntagnachmittag, begegnen sie einem Gewirr von Sprachen, Gesichtern und Charakteren – drei- oder viertausend Menschen gleichen Alters, aus über 50 verschiedenen Ländern, die unterschiedlichen christlichen Konfessionen und Bewegungen angehören. Kein Wunder, dass dieser erste Eindruck für manche so verunsichernd ist, dass sie sofort wieder umkehren und nach Hause fahren wollen ... So erzählen sie es uns später! Bald jedoch beginnen die Glocken zum Abendgebet zu läuten und die unübersichtliche Menge verwandelt sich in ein friedliches Miteinander, in dem alle in die gleiche Richtung schauen, singen, zuhören und schweigen. Dieser Wandel ist bereits eine Art Gleichnis für die ganze Woche: Ziellose Vielfalt wird zu einer Harmonie in Gegenwart der einen Wirklichkeit, die fähig ist, uns ohne Zwang oder Gewalt zu vereinen.

Während der Treffen leben die Besucher in Taizé mit anderen Jugendlichen völlig unterschiedlicher Herkunft Seite an Seite. Sie beten gemeinsam, hören die Bibeleinführungen, diskutieren in kleinen Gruppen, arbeiten, essen und haben Spaß. Sie schlafen sogar in den gleichen Schlafsälen und Zelten. Für viele ist es das erste Mal, dass sie Gleichaltrige aus anderen Ländern, die vielleicht auch anderen Konfessionen angehören, persönlich kennenlernen. Vorurteile verschwinden schnell, da es verständlicherweise umso schwieriger ist, daran festzuhalten, wenn man das Leben mit den anderen so eng teilt und entdecken kann, dass es jenseits oberflächlicher Unterschiede tiefe Gemeinsamkeiten gibt.

Im Laufe der Woche entstehen von selbst Bindungen zwischen den Besuchern. Es ist erstaunlich, wie schnell sich das Zusammensein der Menschen auf dem Hügel verändert: Aus einem formlosen Miteinander wird eine strukturierte Gemeinschaft. Man könnte zunächst erwarten, dass die Beziehungen, die entstehen, auf oberflächlicher Zuneigung und der Entdeckung gemeinsamer Interessen basieren, die nichts mit Glauben oder Spiritualität zu tun haben. Aber die Lebensweise auf dem Hügel trägt dazu bei, dass die entstandenen Bindungen tiefer werden. Jeden Tag hören die Teilnehmer einem Bruder zu, der über einen Bibeltext spricht und versucht, ihn zugänglich zu machen. Nach dieser kurzen Einführung teilen sie sich in Kleingruppen auf und sprechen darüber, wie das eigene Leben im Licht des Textes verstanden werden kann. Sie tauschen sich aus mit Personen, die andere Erfahrungen und Vorgeschichten mitbringen, über den Sinn des Lebens und des Glaubens. Die Entdeckung, dass es jenseits aller Differenzen oft gemeinsame Sehnsüchte und Enttäuschungen gibt, ist eine Erfahrung, die einen prägenden Einfluss hat. So bekommen Ausdrücke wie „globales Dorf" oder „eine Menschheitsfamilie" konkrete Gestalt. Da die jungen Menschen in eine Gesellschaft hineingeboren wurden, in der weltweite Kommunikation selbstverständlich ist, haben sie ein inneres Gespür für das Universale. Indem sie mit Gleichaltrigen aus der ganzen Welt diskutieren, arbeiten und beten, entdecken sie das menschliche Gesicht dieser universalen Perspektive. Diese bleibt nicht länger abstrakt oder virtuell, sondern nimmt Fleisch und Blut an.

Die Teilnehmer der internationalen Jugendtreffen in Taizé erleben christliche Gemeinschaft in einer besonders konzentrierten Form. Sie begreifen, dass diese Gemeinschaft universal und konkret zugleich ist, da sie sich aus Menschen verschiedener Länder und Herkunft zusammensetzt, konkrete Namen und Gesichter hat. Die Gemeinschaft integriert ihre menschlichen Interessen und Sorgen, indem sie darüber hinaus geht, da sie in der gemeinsamen Suche nach dem Angesicht Gottes verwurzelt ist, das im christlichen Gebet und der Schriftmeditation offenbart wird. Obwohl man nur einige Tage zusammen verbracht hat, tendieren die in Taizé geschlossenen Freundschaften dazu, über die gemeinsam erlebte Zeit hinaus zu halten. Auch wenn Kontakte in den darauffolgenden Monaten oder Jahren nicht immer aufrecht erhalten werden, nimmt das Bewusstsein einer gemeinsamen Verbindung nicht ab. Nicht selten spüren Menschen, die eine Zeit gemeinsam in Taizé verbracht haben, dass sie, wenn sie sich einige Jahre später wieder treffen, sofort dort anknüpfen können, wo sie vor Jahren aufgehört haben, als ob die Zwischenzeit nicht von Bedeutung sei. Und im Allgemeinen schwelgen sie nicht in der Vergangenheit, sondern teilen weiterhin ihre persönlichen Lebenswege miteinander. Es scheint, als bringe das Teilen der tiefgründigen Wirklichkeit eine gemeinsame Zugehörigkeit hervor, welche die zerstörerischen Wirkungen der Zeit aufhebt. Freundschaften, die in Taizé entstehen, sind – so sagen es viele – anders, sie nutzen sich nicht ab.

Diese Beobachtung kann uns helfen, das Wesen der Freundschaft besser zu verstehen. Sie zeigt einen Ausweg aus der Schwierigkeit, die heute viele Beziehungen belastet. Eine der notwendigen Eigenschaften jeder echten Freundschaft ist Loyalität und Treue; ohne eine zeitliche Kontinuität, wenn ich nicht darauf vertrauen kann, dass der andere morgen für mich da sein wird, so wie er oder sie es gestern auch war und heute ist, kann eigentlich keine Beziehung existieren. Doch ist es offensichtlich, dass die gegenwärtige Gesellschaft mit ihrer Ausrichtung auf unmittelbare Befriedigung, jegliche zeitliche Kontinuität problematisch werden lässt. Die Erfahrung, die wir gerade skizziert haben, zeigt, dass Treue weder in einer Anstrengung des Willens verwurzelt ist, noch durch moralistische Aufforderungen erreicht werden kann. Was aber hält Freundschaften dann davon ab, sich aufzulösen? Wir haben wieder und wieder festgestellt, dass Freundschaft von Natur aus dreidimensional ist. Sie basiert auf einer Gemeinsamkeit. Die Erfahrung vieler Leute in Taizé bezeugt, dass diese Gemeinsamkeit, wenn sie tief genug geht und miteinander geteilt wird, die Tiefen unseres Wesens berührt, dass Bindungen entstehen, die der Abnutzung durch die Zeit widerstehen können. Kurz gesagt, die Stabilität einer Beziehung wird durch die *Art und Weise* des Austausches bestimmt. Wichtig dabei ist die Ebene, auf der die Begegnung zwischen Menschen stattfindet. Dies führt uns zu der zweiten wichtigen Dimension des

Lebens in Taizé: die Verwurzelung in der Suche nach Gott.

ZU DEN QUELLEN DES GLAUBENS

Taizé lädt junge und weniger junge Leute ein, Teil einer internationalen und interkonfessionellen Gemeinschaft zu sein. In der heutigen Welt, in der grenzüberschreitende Begegnungen immer mehr zu einer Lebensphilosophie geworden sind, ist es nicht länger ungewöhnlich, mit Menschen in Kontakt zu kommen, die sich von einem selbst unterscheiden. Überraschende Ähnlichkeiten können dann dort festgestellt werden, wo Vorurteile dem Bewusstsein von Gemeinsamkeiten weichen. Manchmal führten solche Kontakte zwischen unterschiedlichen Leuten zur Bildung von Vereinigungen mit einem gemeinsamen Ziel. Und doch erfasst all das, wie wertvoll es auch sein mag, immer noch nicht den Kern dessen, was auf dem Hügel in Burgund passiert.

Taizé ist zuallererst eine Gemeinschaft, die in einer Suche nach dem Urgrund, den wir Gott nennen, verwurzelt ist und darin Jesus Christus nachfolgt. Dreimal am Tag beginnen die Glocken zu läuten und alles, womit man gerade beschäftigt ist, wird unterbrochen. Alle, ob sie sich nun dauerhaft in Taizé aufhalten oder als Besucher dort sind, machen sich auf den Weg zur Kirche der Versöhnung, um 30 bis 45 Minuten lang gemeinsam zu beten. Abends wird der Gottesdienst mit meditativen Gesängen fortgeführt, die, wenn man will, bis zu den frühen Morgenstunden dauern können. Das Gebet in Taizé gründet auf einer jahrhundertealten monastischen Tradition. Die Gottesdienste folgen einem klassischen Ablauf, bestehend aus Psalmen, Schriftlesungen, Fürbitten; im Zentrum steht eine lange Zeit der Stille. Als die Anzahl der Besucher zu wachsen begann, suchte die Gemeinschaft nach Wegen, das Gebet für alle zugänglicher zu machen, wobei die gesungene, biblische und meditative Eigenart, die schon immer für uns charakteristisch war, beibehalten wurde. Das führte unter anderem zur Bildung kurzer Kehrverse, die mit Wiederholungen gesungen wurden – zuerst in Latein und dann nach und nach auch in anderen Sprachen – und nun weltweit mit dem Namen Taizé verbunden werden. Obwohl der ursprüngliche Beweggrund zunächst ein praktischer war, sah die Gemeinschaft bald ein, dass die Wiederholgesänge, wie in vielen religiösen Traditionen, den Menschen halfen, über oberflächliche Rationalität hinauszugehen und sich dem eigenen Wesenskern anzunähern.

Das Herzstück jedes Gottesdienstes in Taizé ist, wie gesagt, ein langer Moment der Stille – eine Zeit, um in Gott zu ruhen, die gehörten oder gesungenen Worte das eigene Innere durchdringen zu lassen und das Gebet davor zu schützen, zur bloßen Routine zu werden. Auch in den Sommermonaten, wenn 5000 Pilger, meistens junge Leute, in der Kirche zusammengedrängt sind, kann man während der Zeit der Stille immer noch eine Stecknadel fallen hören. In einer Welt, in der Lärm in allen Formen immer mehr zur „Verschmutzung der Umwelt" beiträgt, schlägt die einfache Erfahrung bewussten Schweigens nie fehl, Menschen tief zu berühren.

Obwohl die Brüder alles dafür tun, den Gottesdienst für andere zugänglich zu machen, bleibt er immer noch das Gebet einer monastischen Gemeinschaft. Die jungen Besucher merken, dass es nicht speziell für sie gemacht wurde; das verleiht in ihren Augen dem Gebet eine Glaubwürdigkeit. Die Form des Gottesdienstes übt eine Faszination aus, doch die jungen Leute brauchen gewöhnlich eine gewisse Zeit, um sich darin zu Hause zu fühlen. Liegt dies nicht daran, dass ein meditatives Gebet eine tiefere Ebene des eigenen Wesens anspricht als das, was sie normalerweise gewohnt sind? Sie sind gefordert, einen Teil ihrer selbst zu entdecken, der oft von der Geschäftigkeit und dem Durcheinander der zeitgenössischen Gesellschaft überschattet wird. Nach und nach werden sie sich des Geheimnisvollen bewusst und entdecken die unergründlichen Tiefen des Seins.

Dieses Bewusstsein für das Geheimnisvolle wird durch eine besondere Aufmerksamkeit für die Form und Atmosphäre des Gebetes gefördert. Die Gemeinschaft von Taizé war immer überzeugt, dass ein Gottesdienst kein ausschließlich geistiger Prozess ist, sondern das ganze Leben einbezieht. Wie fast im gesamten christlichen Zeitalter und auch heute noch in den Ostkirchen soll die Liturgie dabei helfen, alle Seiten eines Menschen in eine Beziehung zur Quelle des Lebens zu bringen. Unsere Gemeinschaft versucht durch den Gebrauch einfacher Hilfsmittel (Kerzen, Ikonen, gedämpftes Licht, einige Ziegelsteine und Tücher …) einen Ort der Offenheit und inneren Ruhe zu schaffen. Allgemein gilt, dass die Konzentration auf Schönheit und Einfachheit Kennzeichen des Gottesdienstes in Taizé sind.

Das Gebet will aber kein vages, oberflächliches emotionales Hochgefühl schaffen. Es ist eher zurückhaltend und legt Wert auf den Inhalt. Fast alles, was gesprochen oder gesungen wird, kommt aus der Heiligen Schrift. Ein wiederholtes Singen von Psalmversen ermöglicht, diese zu verinnerlichen; die Schriftlesungen werden nach Relevanz und Zugänglichkeit ausgewählt. Außerhalb des Gottesdienstes, während der von Brüdern angeleiteten täglichen Bibeleinführungen, können schwierigere Texte erklärt und reflektiert werden. In Taizé lassen sich Bibelstudium und Gebet nicht trennen: Die Brüder wollen nicht nur intellektuelles Wissen mitteilen, sondern die Entdeckung einer persönlichen Beziehung mit Christus fördern.

Um zu beschreiben, wie sie den Gottesdienst in Taizé erleben, verwenden junge Pilger nicht selten den Begriff „Freiheit". „Das Gebet hier ist so *frei*", sagen sie oft. Dies kann auf den ersten Blick seltsam erscheinen, da die Liturgie der Gemeinschaft das Gegenteil dessen ist, was man gewöhnlich „freies Gebet" nennt. Jeder Gottesdienst wird im Voraus erarbeitet; der Ablauf des Gebets ändert sich nicht, und es gibt kaum Improvisation. Näher betrachtet wird deutlich, dass mit „frei" die Schaffung eines Raums gemeint ist, der Körper und Seele atmen lässt. Zunächst den Körper: Es gibt keine Kirchenbänke in Taizé. Die meisten Teilnehmer sitzen in verschiedenen Positionen auf dem Boden. Nach dem Gottesdienst, besonders abends, geht das Singen weiter und jeder kann kommen und gehen, wann er will. Man kann singen oder den anderen dabei zuhören, in einer Atmosphäre, die der Innerlichkeit besonders zuträglich ist. Die Zeit der Stille bietet einen Raum der Freiheit, den jeder füllen kann, wie er möchte, natürlich vorausgesetzt, man stört die anderen nicht. Es erscheint fast paradox, dass die festgelegte Ordnung des Gebets die Schaffung eines offenen Raumes begünstigt, in dem Körper, Geist und Herz befreit sind. Man stellt fest, dass Struktur und Freiheit sich nicht widersprechen müssen, sondern dass die erstere die letztere erst ermöglicht. Dies ist in unserer gegenwärtigen Gesellschaft, in der die Abwesenheit von Grenzen und Vorschriften eine illusorische Freiheit schafft, eine wertvolle Erkenntnis.

EINFACHHEIT

Ein letzter Kernpunkt der Treffen in Taizé ist die Einfachheit, die von vielen Teilnehmern wahrgenommen wird. Diese entstand, wie auch in anderen Fällen, aus praktischen Gründen: Das Leben in Taizé ist einfach, weil das für die Gemeinschaft die einzige Möglichkeit ist, so viele Menschen empfangen zu können. Da es neben den Beiträgen der Teilnehmer und der Arbeit der Brüder keine Finanzierungsquellen gibt, muss das Leben in materieller Hinsicht auf das Wesentliche beschränkt werden. Die jungen Leute schlafen in Etagenbetten oder Zelten, das Essen ist gesund, ohne ausgefallen zu sein, und neben Gebet, Gruppentreffen und persönlichen Gesprächen gibt es keine Ablenkungen. Und doch scheint diese Einfachheit des Lebens den jungen Leuten, die oft aus Gesellschaften kommen, welche „im Überfluss ertrinken", in denen die Zeit nie stillsteht und es oft keine Möglichkeit gibt, bloß da zu sein und mit anderen zusammen zu sein, eine erfrischende Alternative zu bieten. Sie entdecken, dass Glück auch ohne ein Übermaß an Konsumwaren möglich ist. Sie genießen es, zusammen zu sein, befreit von der Last, Erwartungen erfüllen oder vollen Stundenplänen folgen zu müssen. Auch wenn im Laufe des Tages in Taizé viel passiert, ist es zwecklos, von einer Sache zur nächsten zu eilen, da keine Fristen existieren. Im Italienischen gibt es ein passendes Wort, um diese Form der Einfachheit auszudrücken: *essenzialità*, was frei übersetzt bedeutet, „sich auf das Wesentliche konzentrieren".

In Taizé gibt es keine Kluft zwischen der öffentlichen und der privaten Sphäre, was ebenfalls einen deutlichen Kontrast zum Leben in unserer Gesellschaft darstellt. Es gibt durchaus Zeiten des Alleinseins und der persönlichen Besinnung, dann wieder Zeiten der Arbeit und des

Austauschs mit anderen. Es ist jedoch offensichtlich, dass diese beiden Dimensionen auf eine unterschwellige Einheit hinweisen. Viele junge und auch ältere Leute suchen eine solche Einheit: keine Uniformität, die von außen auferlegt oder durch das Ausklammern ganzer Existenzdimensionen erreicht worden ist, sondern eine Ganzheit, die einer gemeinsamen Quelle entspringt und die unzähligen Aspekte des Lebens vereinen kann, ohne ihnen Gewalt anzutun. Anders gesagt, viele suchen nach einem Glauben, der zu ihrem Leben gehört und keine „Religion", die nur einen klar begrenzten Bereich einnimmt. Ein junger Mann aus dem Senegal, der zwei Monate in Taizé verbracht hatte, drückte es so aus: „Meine Erfahrung in Taizé zeigt mir, dass Religion und Leben keine getrennten und voneinander unabhängigen Bereiche sind, die nebeneinander stehen. In Taizé kann man hundertprozentig jung sein, Musik hören wie andere junge Leute auch, sich kleiden wie die anderen und doch aus seinem Leben ein ganz christliches Leben machen."

Diese Konzentration auf das Wesentliche begünstigt sicherlich menschliche Beziehungen und fördert eine entspannte Atmosphäre der Akzeptanz und Freundlichkeit, die eine Grundlage für das Entstehen wahrer Freundschaft darstellt. Viele Besucher kommen aus Städten, die von Anonymität und Angst vor dem Fremden geprägt sind; sie sind zunächst erstaunt, dass jeder den anderen grüßt, und Leute in der Warteschlange bei der Essensausgabe miteinander ins Gespräch kommen. In einem solchen Klima des Vertrauens ist es nicht schwer, sich anderen gegenüber zu öffnen und Freundschaften zu schließen. „Ich war überrascht zu sehen", sagt Rodica, eine junge Frau aus Rumänien, die Taizé besucht hat, „dass ein Gespräch in Taizé alltäglich und gleichzeitig sehr tiefgründig sein kann. Es kommt nicht selten vor, dass man sich trotz aller Sprachschwierigkeiten über persönliche Fragen und auch intime Themen unterhält, fast ohne es zu bemerken." Was in den kleinen Gesprächsgruppen geschieht, ist ein weiteres Beispiel dafür, wie Grenzen paradoxerweise den Austausch fördern: Weil die Teilnehmer verschiedene Sprachen sprechen und manchmal Schwierigkeiten haben, sich auszudrücken, ist die Gefahr geringer, sich auf einer rein verbalen oder ideologischen Ebene zu begegnen, sei es in Form einer Auseinandersetzung oder einer Übereinstimmung. Man ist – aller wortreichen Rationalisierungen beraubt – gezwungen, einfache Worte zu finden, um das Wesentliche der eigenen Überzeugungen und Fragen auszudrücken. Das führt dazu, dass der Austausch den Kern dessen berührt, was wir sind und sein wollen.

Auf der Suche nach Gemeinschaft mit allen

Gegen Ende jeder Woche in Taizé versammeln sich die Teilnehmer nach Ländern oder Regionen geordnet, um darüber nachzudenken, in welchem Verhältnis das, was sie erfahren haben, zu ihrem Leben zu Hause steht. Was haben sie entdeckt und wie können sie das in einer ganz anderen Situation in die Praxis umsetzen, nämlich dort, wo sie mit Leuten, die ihre Ansichten nicht teilen, nebeneinander leben und arbeiten?

Neue Wege zu finden, um eine Verbindung zwischen einer kurzen und intensiven Gebets- und Gemeinschaftserfahrung auf der einen Seite und dem „normalen Leben" auf der anderen Seite herzustellen, ist ein weit verbreitetes Anliegen der heutigen pastoralen Arbeit, vor allem mit Jugendlichen. Wie kann gewährleistet werden, dass in denen nicht die Flamme erlischt, die in einer Gesellschaft

leben, die ganz andere Prioritäten setzt oder einer Ortskirche angehören, die nicht die gleichen Möglichkeiten
bietet, um den eigenen Glauben am Leben zu erhalten?
Unsere Welt legt Wert auf das Vergängliche, bevorzugt eine große Vielfalt an kurzlebigen Erfahrungen und zeigt
wenig Interesse an Kontinuität und Bindung. Dadurch
wird die Frage immer dringlicher: Ist eine Erfahrung wie
die in Taizé dazu verurteilt, kurzlebig zu bleiben? Kann
sie bestenfalls die Sehnsucht nach einem anderen Leben
hervorrufen, ohne dazu beizutragen, dass dieses Leben
auch dauerhaft geführt werden kann?

Die Lösungsvorschläge für dieses Dilemma führen in
verschiedene Richtungen. Im Allgemeinen versuchen sie,
Strukturen zu schaffen, die eine dauerhafte Kontinuität
sichern: die Teilnahme an regelmäßigen Veranstaltungen,
die Umsetzung besonderer Vorhaben im eigenen Alltags-
leben, das Eingehen von Verpflichtungen, durch die man
verspricht, den gegebenen Hinweisen zu folgen und sich
als Teil eines größeren Ganzen verstehen kann.

Diese Suche nach fortdauernden Strukturen scheint unvermeidlich, da sie mit der Leiblichkeit des Menschen zu-
sammenhängt. Man kann einfach nicht ständig in einem
Zustand spiritueller Begeisterung bleiben; Momente der
Intensität dauern schlichtweg nicht an. Höhepunkte müssen in den Lauf des Alltags übersetzt werden, sodass sie
die Tiefen der Persönlichkeit immer mehr durchdringen
und nach und nach verwandeln können. Dazu brauchen
wir Regelmäßigkeiten, Hilfen von außen, die Gegenwart
anderer, die mit uns gehen und unsere innere Suche lebendig halten. Frère Roger war sich dieser Dynamik sehr
wohl bewusst:

„Begeisterung ... ist eine positive Kraft, aber sie genügt
nicht. Solange sie nicht ihren Elan auf eine andere tiefer

liegende und weniger gefühlsmäßige Kraft überträgt, die uns unser ganzes Leben hindurch vorankommen lassen soll, bleibt sie eine Kraft, die sich verzehrt und erschöpft. Es ist unerlässlich, die Kontinuität zu wahren, denn zwischen den Zeiten der Begeisterung liegen tote Zeiträume, unfruchtbare Wüsten" (DV 112).

In der Tat war es gerade der Wunsch, fortdauernde zeitliche Kontinuität zu ermöglichen, der Frère Roger dazu veranlasste, die Gründung einer Gemeinschaft von Brüdern in den Blick zu nehmen, die durch ein Lebensengagement verbunden sind. Als dann immer mehr junge Menschen auf den Hügel kamen, sah er die Notwendigkeit, diese nach ihrer Abreise aus Taizé weiter zu unterstützen. Dies gab in den 70er-Jahren zunächst Anlass zum „Konzil der Jugend" und später zum „Pilgerweg des Vertrauens auf der Erde", was mit Treffen und Besuchen in verschiedenen Ländern einherging. Es war für die Jugendlichen notwendig und wesentlich, sich in ihrer Suche nicht allein gelassen zu fühlen:

„Damals stellten mir die Jugendlichen unerbittliche Fragen, Fragen, die übrigens immer wieder gestellt werden: ‚Was sollen wir tun, wenn wir wieder zu Hause sind in unseren verschiedenen Heimatländern?' Und ich sah mich selbst außerstande, ihnen eine konkrete Antwort zu geben. Bald kam ich zu dem Schluss: Wir können nicht länger ohne Antwort bleiben. Sagen wir ihnen weiter: Geht nach Hause zurück, und macht dort weiter, wo ihr seid, so wird das zu einem Alibi. Ohne es zu wollen, treiben wir dadurch, dass wir keine Antwort haben und uns weigern, etwas zu unternehmen, viele in die Gleichgültigkeit. Es wurde wichtig, ein Mittel zu finden, das uns provisorisch, aber doch für bestimmte

Zeit zusammenhalten sollte, und uns auf der ganzen Welt die gleichen Fragen zu stellen ..." (F 20f).

Das gleiche Bedürfnis hat in der Kirche zur Entstehung vieler verschiedener Organisationen und Bewegungen geführt, die oft eine Wiederbelebung des Glaubens in Zeiten seiner Gefährdung förderten. Aber Frère Roger schlug einen anderen Kurs ein. Er fährt fort:

„... ohne dabei eine neue Bewegung ins Leben zu rufen. Tatsächlich hat Taizé niemals eine Bewegung ins Leben gerufen, wie es auch niemals eine ‚Theologie von Taizé' oder ‚Spiritualität von Taizé' geben wird. Taizé ist einfach nur der Name einer großen monastischen Familie" (ebd.).

Diese klare Grenze, die im Bemühen, fortdauernde Strukturen zu schaffen, gesetzt wurde, ist für viele schwer zu verstehen. Sie rührt aus der besonderen Geschichte und Berufung der Gemeinschaft her. In ihrem Bestreben, ein Zeichen der Versöhnung im Herzen der getrennten Christenheit zu sein, gaben die Brüder von Anfang an acht, nicht als „neue Kirche" oder weitere Konfession gesehen zu werden. Statt Christen zusammenzubringen, hätte der Versuch, parallele Strukturen zu schaffen, die bereits existierenden Trennungen nur vergrößert. In der Tat hat der Protestantismus, wie die ersten Brüder von der Geschichte ihrer eigenen Kirchen wussten, sehr an dieser Dynamik der Spaltung gelitten: Sobald es Unterschiede oder Konflikte gab, ging jede Gruppe ihren eigenen Weg. Die Brüder wollten also alles Mögliche tun, um einen klaren Schnitt mit diesem Prozess der Trennung zu machen und den Christen zu helfen, in einen Gegenprozess der Versöhnung einzutreten.

Während nach Wegen gesucht wurde, um den jungen Besuchern zu helfen, ihre Glaubenserfahrung nach ihrer Rückreise fortzuführen, lehnten die Brüder es ab, eine organisierte Bewegung um Taizé ins Leben zu rufen. Bereits 1975 betonte Frère Roger während eines „Tages des Volkes Gottes", der während der Sommermonate abgehalten wurde, dass die Ortskirche der Ort sei, in dem an die in Taizé gemachte Erfahrung angeknüpft werden könne. Von einer Einrichtung von „Taizé-Gruppen", die parallel zu bereits existierenden Gruppen oder Bewegungen existierten, konnte keine Rede sein. Die Tatsache, dass eine monastische Gemeinschaft die Leute zurück zu ihren Gemeinden und Pfarreien schickt, löste bei vielen Verwunderung aus. Aber für die Gemeinschaft war dies wesentlich, um mit ihrer Berufung, Zeugen der Versöhnung unter den Christen zu sein, in Einklang zu stehen.

Taizé bietet den jungen Besuchern also im Wesentlichen eine Erfahrung der Freundschaft – eine Freundschaft mit Gott im Gebet und eine Freundschaft miteinander, die ethnische und religiöse Grenzen aller Art überschreitet. Sie sind natürlich dazu eingeladen, diese Freundschaften nach ihrer Heimkehr weiterzuführen und zu vertiefen, und die Brüder der Gemeinschaft wollen sie darin unterstützen. Trotzdem hält es die Gemeinschaft für notwendig, beweglich und offen zu bleiben. Taizé bleibt ein Ort, an den die jungen Leute zurückkehren können, um ihre Suche zu vertiefen. Treffen, die ähnlich wie die in Taizé ablaufen, werden regelmäßig in Städten in aller Welt, in Zusammenarbeit mit den örtlichen Kirchen veranstaltet. Weil die gegenseitigen Besuche der Gläubigen untereinander seit der Zeit der Apostelgeschichte die gemeinschaftlichen Bindungen gestärkt haben, streben die Brüder zudem danach, die Besuche zu erwidern und sich mit den jungen Leuten in ihren Ortskirchen für eine Zeit des Gebets und des Nachdenkens zu treffen. Aber es gibt keinen Versuch, Mitglieder zu rekrutieren oder zu unterscheiden, wer dazugehört oder nicht. Frère Roger hat immer wieder darauf beharrt, dass Taizé nur der Name eines kleinen Dorfes ist, wo eine Gemeinschaft von Brüdern lebt, arbeitet und betet.

Die Weigerung, Parallelstrukturen zu schaffen, auch wenn dies in gewisser Weise unmittelbare „Ergebnisse" verhindert, fördert auf lange Sicht die Suche nach einer größeren Gemeinschaft. Jene, die durch einen Aufenthalt in Taizé angespornt wurden, sind eingeladen, hinauszugehen und mit anderen in Kontakt zu treten, ohne Hintergedanken. Sie sind dazu aufgerufen, nach Wegen zu suchen, wie sie ihre Erfahrungen mit ihren Ortsgemeinden zu Hause teilen können. Zudem liegt es an ihnen, Menschen anderer Herkunft einzuladen, bei der Suche nach einer Gemeinschaft mit Gott und anderen Gläubigen mitzumachen. So haben viele junge Leute mit monatlichen meditativen Gebeten begonnen, die für alle offen sind, zu denen Menschen verschiedener christlicher Traditionen und andere Suchende in der Gegenwart Gottes zusammenkommen können.[45] Auf diese Weise möchte Taizé ein „Netzwerk" des Austauschs und der Freundschaft hegen, das dabei helfen kann, die getrennten Christen zu vereinen und ein einfaches Zeichen des Friedens und gegenseitigen Verständnisses im Herzen der Menschheitsfamilie zu setzen.

V – „Ich nenne euch Freunde"

In diesem letzten Kapitel will ich mir die Logik einiger Briefe des heiligen Paulus zum Vorbild nehmen (natürlich ohne den Anspruch, als besondere Autorität zu sprechen) und versuchen, aus den vorangehenden Betrachtungen einige praktische Schlussfolgerungen zu ziehen, indem ich sozusagen vom Indikativ zum Imperativ übergehe. Kurz gesagt, es geht mir um die Frage: Welchen Vorschlag macht unsere Untersuchung, was das Christentum *ist*, hinsichtlich der Lebensweise, zu der wir als Christen berufen sind?

Schauen wir noch einmal kurz auf den Argumentationsgang dieses Buches. Wir begannen mit der Frage: „Was ist das unterscheidende Merkmal christlichen Glaubens?" Diese Frage führte uns zu einer Untersuchung verschiedener möglicher, nach zunehmender Wichtigkeit angeordneter Antworten. Auch wenn der Glaube an Jesus zu den religiösen Fragen der Menschheit eine Antwort anbietet, so ist er doch mehr als eine Religion, wenn damit Überzeugungen und Praktiken gemeint sind, die auf einen bestimmten Lebensbereich – in unserer Gesellschaft zeitlich und örtlich als „Kirche am Sonntagmorgen" versinnbildlicht – beschränkt sind. Der Glaube ist mehr als eine persönliche Spiritualität, auch wenn er 24 Stunden am Tag Richtlinien für die Gestaltung des eigenen Lebens bietet. Vielleicht kommen wir der Sache näher, wenn wir den christlichen Glauben als eine Möglichkeit des Lebens mit anderen beschreiben, ohne uns dabei auf die Menschen zu beschränken, die wir persönlich kennen und mit denen wir uns wohlfühlen. Das Leben-mit-anderen, zu dem Jesus uns einlädt, ist zugleich tiefer und umfassender, als wir uns vorstellen können, denn ein solches Leben ist in Gottes eigenem Wesen und Sein verwurzelt.

Wir kamen zu der Schlussfolgerung, dass der christliche Glaube im Wesentlichen *das fortdauernde Angebot einer allumfassenden Gemeinschaft oder Verbundenheit in Gott* ist. Der durch Jesus geoffenbarte Gott ist eine Gemeinschaft von Personen, ein mit-geteiltes Leben, ein Gott, der die ganze Schöpfung zur vollen Teilhabe an seinem Leben einlädt. Einerseits ist diese Gemeinschaft *allumfassend*, da es vor dem Angesicht Gottes keine Grenzen gibt. Andererseits ist sie aber nicht abstrakt, sondern sehr konkret, weil sie mit der persönlichen Entscheidung einzelner Männer und Frauen einhergeht, in eine Beziehung mit Gott und ihren Nächsten zu treten. Auf dieser Erde müssen diese beiden Aspekte des Glaubens, seine Universalität und seine konkrete, persönliche Dimension, in einer fruchtbaren Spannung zueinander bestehen, was bedeutet, dass dem Christentum zwangsläufig ein *historisches* Moment innewohnt. Mit anderen Worten: Die Art und Weise, wie diese Gemeinschaft Augenblick für Augenblick gelebt wird, entspricht nie ganz ihrer wahren Identität; die Verbundenheit der Gläubigen ist immer ein Weg zu einer Fülle, die sie in dieser Welt niemals erreichen wird. Der christliche Glaube ist also von Natur aus ein *fortdauerndes Angebot*, ein ständiger Prozess der Vertiefung und Erweiterung, der nicht ohne Rückschläge verläuft.

Wenn die Mitte der christlichen Botschaft darin liegt, in Verbundenheit mit Gott und seinen Mitmenschen zu leben, dann leuchtet es ein, dass die Tatsache, dass Christen in einer Gemeinschaft miteinander verbunden sind, für ihren Glauben von großer Wichtigkeit ist. Die Kirche ist weit mehr als eine bloße Umgebung, in der Menschen die frohe Botschaft Jesu entdecken, sich aneignen, vertie-

fen und feiern können; sie ist bereits eine bevorzugte Aus-
drucksform der frohen Botschaft. Christen *gehen* nicht nur
in die Kirche oder *gehören* zur Kirche. Sie sind Christen,
insofern sie Kirche *sind*, jene von Gott Versammelten, die
aufbrechen, um in den Fußstapfen seines Sohnes zu gehen. Wenn der heilige Paulus die Kirche Leib Christi
nennt, bezieht er sich auf die fortdauernde Gegenwart des
auferstandenen Herrn in der Geschichte, der die Menschen dazu einlädt, mit Gott und ihren Mitmenschen versöhnt zu sein. Die Kirche ist das Instrument des unbe-
grenzten Wirkens Gottes in der Welt und zugleich ein
unvollkommener Ausdruck dieses Wirkens. Das Zweite
Vatikanische Konzil bringt zutreffend zum Ausdruck,
was die Kirche ist: „das Sakrament, das heißt Zeichen und
Werkzeug für die innigste Vereinigung mit Gott wie für
die Einheit der ganzen Menschheit" (Dogmatische Konstitution über die Kirche *Lumen gentium*, 1).[46]

Was bedeutet es, in diesem Sinne „Kirche zu sein"? Auch
wenn sich das Neue Testament und die christliche Tradition mit unterschiedlichen Bildern und Konzepten dieser
Frage nähern, wurde auf diesen Seiten die Überzeugung
deutlich, dass der Begriff der Freundschaft besonders
hilfreich ist, um einen Weg aufzuzeigen, wie man heute
Kirche sein kann. Die Grundthese dieses Buches kann also wie folgt formuliert werden:

**Der christliche Glaube findet seinen deutlichsten Aus-
druck in dem *fortdauernden Angebot einer allumfassenden Gemeinschaft in Gott*, in einem weltweiten
Netzwerk von Freunden, die Freunde Gottes sind,
indem sie Freunde Christi sind.**

Indem sie sich von der Botschaft und dem Leben Christi inspirieren lassen, sind Christen dazu berufen, mit allen Menschen *Freundschaften zu schließen* und mit allen *befreundet zu sein*, die ihre Einladung annehmen. Auf den folgenden Seiten wollen wir versuchen zu verstehen, was dieses Kirchenverständnis konkret bedeuten könnte.

Eine Kirche ohne Strukturen?

Zunächst müssen wir uns mit einem grundlegenden Einwand auseinandersetzen, der aufkommt, wenn die Kirche als ein Netzwerk von Freunden definiert wird: Beschränken wir uns, wenn wir so sprechen, nicht auf eine bestimmte Organisationsform von Kirche? Plädieren wir damit nicht für eine christliche Gemeinschaft mit so wenigen Strukturen wie möglich, ohne Hierarchie oder sogar ohne formelle Ämter? Es ist in dieser Hinsicht bezeichnend, dass eine christliche Gruppe, die sich selbst „Gesellschaft von Freunden" nennt und unter dem Namen Quäker bekannt ist, so weit wie möglich in diese Richtung gegangen ist und formelle Gemeindeleiter und Liturgien meidet, um den Akzent auf das „innere Licht" zu legen, das in jedem Mann und jeder Frau leuchtet. Ist diese Form kirchlicher Organisation die logische Konsequenz unserer Betrachtungen? Wäre dies der Fall, ließe sich unsere Vorstellung nicht mit einer Theologie des Amtes und der Sakramente oder einem Autoritätsverständnis vereinbaren, wie es von den Hauptrepräsentanten der christlichen Tradition im Osten und im Westen vertreten wird. Wenn wir bedenken, dass die Quäker immer eine relativ kleine Anzahl von Mitgliedern hatten, können wir uns berechtigterweise fragen, ob das Bild einer Gruppe von Freunden auf die größeren weltweiten christlichen

Konfessionen überhaupt zu übertragen ist. Kurz gesagt: Ist es theologisch gerechtfertigt und überhaupt realistisch, den christlichen Glauben zunächst unter der Perspektive freundschaftlicher Beziehungen zu betrachten?

Der genannte Einwand führt uns weiter, da er die Möglichkeit gibt, unsere These klarer darzulegen. Recht verstanden befindet sich die Vorstellung der Kirche als Netzwerk von Freunden auf einer völlig anderen Ebene, sie rechtfertigt keine bestimmte Kirchenstruktur, noch lehnt sie diese ab. Unsere Vorstellung ist mit vielen verschiedenen Arten kirchlicher Organisation vereinbar, die auf der Grundlage ihrer eigenen Kriterien beurteilt werden müssen.

Um die Verschiedenheit der betroffenen Ebenen besser zu verstehen, wollen wir der mittelalterlichen Sakramententheologie einige Begrifflichkeiten entleihen. Diese Analogiesetzung ist hilfreich gerade im Licht der oben zitierten Worte des Zweiten Vatikanums, in denen die Kirche als Sakrament bezeichnet wird. Frühkirchliche Denker, besonders Augustinus, verstanden unter Sakrament ein äußeres Zeichen, das aus fassbaren Symbolen, Worten und Gesten besteht, ein besonderes Ritual, das auf eine unsichtbare göttliche Wirklichkeit verweist. Augustinus unterschied zwischen dem *sacramentum*, dem Zeichen an sich, und den *virtus sacramenti*, seinen geistlichen Früchten. Andere Theologen nannten diese zweite Dimension *res sacramenti*, die Wirklichkeit einer geistlichen Ordnung, die das Sakrament bezeichnet und zugleich verwirklicht.

Nach und nach wurde deutlich, dass eine solche Unterscheidung nicht angemessen war, um das eigentliche Wirken eines Sakraments zu erklären. Große Scholastiker des 12. und 13. Jahrhunderts, besonders der heilige Thomas von Aquin, hielten es für notwendig, nicht zwei, sondern drei Ebenen zu unterscheiden: Neben dem *sacramentum tantum*, dem Ritus selbst, und der *res tantum*, der höchsten geistlichen Wirklichkeit, sprachen sie von einer dritten Dimension, die etwas unbeholfen *res et sacramentum* genannt wurde. Dies bezog sich auf eine Zwischenwirklichkeit, die durch die Feier der Liturgie bezeichnet und verwirklicht wird (deshalb *res*) und auch eine unsichtbare göttliche Realität bezeichnet und verwirklicht (deshalb *sacramentum*). In der Eucharistie bezeichnete *sacramentum* also das Darbringen von Brot und Wein durch den Zelebranten, kurz gesagt: die Feier der heiligen Messe; *res et sacramentum* verwiesen auf die Erkenntnis des Leibes und Blutes Christi im Glauben und ihren Empfang durch die Kommunikanten; *res* bezog sich auf den letzten Grund Christi für die Einsetzung der Eucharistie, nämlich auf die Befähigung der Gläubigen zu einer tieferen Verwurzelung in der Gemeinschaft seines Leibes. Entsprechend bedeutete *sacramentum* in der Taufe das Ritual, das mit Wasser vollzogen wurde; *res et sacramentum* bezeichneten den Wandel in der Identität des Empfängers, der – als Mitglied der Kirche – nun Teil des Leibes Christi war (der sogenannte „Taufcharakter") und *res* benannte die Auswirkungen dieser neuen Identität im Sinne einer Verwandlung seines Lebens durch diese Gemeinschaft mit Gott („heiligende Gnade"). In typisch scholastischer Art wurden diese drei Ebenen zu einem besseren Verständnis des Wirkens eines Sakramentes unterschieden, aber nie getrennt: Sie bleiben Aspekte des einen gleichen Vorgangs. Zudem sollte betont werden, dass dies keine Unterscheidung zwischen menschlicher und göttlicher Aktivität ist, da das Sakrament in all seinen Aspekten von Christus eingesetzt worden ist.

Wenn wir nun analog dazu diese drei Ebenen auf das Leben der Kirche als Sakrament der Gegenwart Gottes und seines Wirkens in der Welt anwenden, können wir auf den oben genannten Einwand antworten:

sacramentum	Menschen, die durch Strukturen, Ämter, den Vollzug von Riten und Aktivitäten verbunden und organisiert sind
res et sacramentum	Eine Gemeinschaft, die in der Freundschaft mit Gott durch Christus wächst und in der Welt als eine offene Gesellschaft von Freunden lebt
res	Eine durch den Geist verwandelte und in Christus als seinem Leib vereinte Menschheit, die dadurch an der Gemeinschaft der Heiligsten Dreifaltigkeit teilhat

Diese Tabelle zeigt, dass sich die Frage nach kirchlichen Strukturen und Ämtern auf Ebene eins bewegt, während unser Thema das auf Ebene zwei aufgeführte Verhalten beschreibt und daher mit verschiedenen Ausprägungen der ersten Ebene vereinbar ist. Genauer gesagt ist es das Ziel der ersten Ebene, also des sakramentalen und amtlichen Lebens der Kirche, das Wachsen einer Gemeinschaft von Freunden zu fördern, die wiederum auf Erden (immer unvollkommen, im „Unterwegssein") die koinonia des unsichtbaren Gottes sichtbar macht. Durch die Betonung der Bedeutung von Freundschaft für das Leben der Christen soll die Rolle der kirchlichen Ordnung keineswegs beeinträchtigt, sondern vielmehr richtig situiert werden. Man hat eigentlich immer schon verstanden, dass das, was hier als erste Ebene kirchlichen Lebens bezeichnet wurde, kein Selbstzweck ist, so wichtig es im täglichen Leben auch sein mag, sondern nur um der anderen beiden

Ebenen willen existiert. Diese Wahrheit kommt in der seit Jahrhunderten anhaltenden Überzeugung zum Ausdruck, dass „wenn die Vollendung gekommen ist, der Gebrauch der Sakramente aufhört".[47]

Als leibhaftige Wesen auf dieser Erde brauchen wir materielle Zeichen und soziale Strukturen; sie ordnen unser Leben, auch im spirituellen Bereich. Schon die Evangelien zeigen, dass Jesus seine Jünger nicht einfach nacheinander berief, sondern ihrer Gemeinschaft gleich von Anfang an rudimentäre Strukturen verlieh (die Zwölf; Petrus-Jakobus-Johannes; Petrus). Die anderen neutestamentlichen Schriften zeigen auf, wie schnell die Gemeinschaften begannen, ihrem Leben Strukturen zu geben. Gleichzeitig bietet die Vorstellung von Kirche als einem Netzwerk von Freunden, auch wenn sie die Notwendigkeit von Ämtern und Sakramenten nicht schmälert, ein wichtiges Kriterium, um zu beurteilen, ob sie auch Früchte bringen. Fördern sie das Wachsen der Freundschaft mit Christus und gleichzeitig mit unseren Mitmenschen? Wird Autorität so ausgeübt, dass sie die Aufmerksamkeit nicht auf sich selbst lenkt, sondern sich als unersetzliches Mittel zum „Aufbau des Leibes Christi" versteht (Eph 4,12; vgl. auch 2 Kor 10,8; 12,19; 1 Kor 14,3-5.12)? In welchem Ausmaß fallen die Amtsträger im Evangelium unter die Kritik Jesu an den Autoritäten seiner Zeit, wenn er ihren Unglauben dadurch erklärt, dass „sie Ehre voneinander [empfangen], nicht aber die Ehre [suchen], die von dem einen Gott kommt" (Joh 5,44)? Oder nehmen sie Johannes den Täufer zum Vorbild, der wollte, dass Christus wachse und er selbst kleiner werde (vgl. Joh 3,30)?

Es wird immer das Bedürfnis nach verschiedenen Ämtern in der Kirche geben; das Leib-Gleichnis des heiligen Paulus weist darauf hin, dass Einheit in Christus die Vielfalt nicht unterdrückt. Der Apostel geht sogar so weit, unser modernes Gleichheitsbewusstsein zu erschüttern, indem er erklärt, dass man den verschiedenen Gliedern unterschiedlich großen Respekt und Ehre erweisen soll, wobei sich seine Werteskala von jener der ihn umgebenden Gesellschaft unterscheidet, ja sogar im Gegensatz dazu steht (vgl. 1 Kor 12,22-26). Unter den verschiedenen Ämtern sollte jenes einen Ehrenplatz einnehmen, welches die Gläubigen im Namen Christi zu einer Tischgemeinschaft zusammenruft, sodass sie an seinem Leib und Blut Anteil haben und ihre Identität mehr und mehr verwirklichen können.

Vielleicht kann unsere Betrachtung auf diesen Seiten einige Hinweise geben, auf welche Weise Ämter in der Kirche ausgeübt werden sollen. Wenn Freundschaft in Christus den Berührungspunkt bildet, dann muss jegliche Vorstellung des Amtes als Klassentrennung, das einen überlegenen Status in Anspruch nimmt, ausgeschlossen werden. Freundschaft bedeutet nicht notwendigerweise Gleichheit in allen Bereichen, kann und sollte aber mit Respekt und Anerkennung der einzelnen Gaben jedes Mannes und jeder Frau einhergehen. Wenn wir uns vor Augen führen, dass *koinonia*, das verbindende Element, das uns zu Freunden in Christus macht, viel grundsätzlicher ist als die verschiedenen Rollen, die wir im Aufbau der Gemeinschaft spielen, dann werden alle Formen des Klerikalismus im Keim erstickt. Der heilige Augustinus hat es am prägnantesten ausgedrückt: *„Vobis sum episcopus, vobiscum sum christianus.* – Für euch bin ich Bischof, mit euch bin ich Christ" (Predigt 340).

Freunde Gottes ...

Obwohl Freundschaft eine allgemein menschliche Wirklichkeit ist, gibt es eine besondere Form von Freundschaft, die bezeichnet, was es bedeutet, Christ zu sein: Wir sind einander Freunde, weil wir Freunde Christi und damit Freunde Gottes sind.

Der Begriff Christus- oder Gottesfreundschaft ist nicht immer leicht zu erfassen. Da gibt es eine grundsätzliche Unterscheidung zwischen dem Schöpfer und seinen Geschöpfen, die ein solches Wort zur Beschreibung des Verhältnisses zwischen beiden auszuschließen scheint.[48] Doch der Ausdruck Freundschaft ist nicht weniger erschütternd als eine andere Lehre, die den Kern des Christentums ausmacht – die Inkarnation. Christen halten (als an einem ihrer fundamentalen Grundsätze) an der buchstäblich unvorstellbaren Behauptung fest, dass Gott selbst im Menschen Jesus von Nazareth in die von ihm erschaffene Welt und ihre Geschichte hineingekommen ist. Es ist dieser göttliche Abstieg bzw. die „Selbst-Entäußerung" (vgl. Phil 2,7) aus Liebe allein, die es möglich macht, von einer gewissen Gleichheit und Gegenseitigkeit zu sprechen, was auch als Freundschaft beschrieben werden kann.

Die Denker der ersten Jahrhunderte des Christentums wurden nicht müde, im Blick auf die große Differenz zwischen Gott und Mensch zu wiederholen: In Christus wurde Gott zu dem, was wir sind, damit wir werden, was Gott ist. Um den christlichen Begriff der Gottesfreundschaft zu verstehen, müssen wir also die Tatsache zum Ausgangspunkt nehmen, dass Gott aus freier und unverdienter Entscheidung alle Schranken übersprang und eine gegenseitige Beziehung zwischen Schöpfer und Geschöpf ermöglichte. Die erste Schranke ist die schon erwähnte

Kluft zwischen der Quelle allen Lebens und denen, die aus dem „Nichts ... ins Dasein [gerufen]" (Röm 4,17) sind. Sie existieren, weil sie ihr Dasein von einem Anderen empfangen haben. Die für die Menschen unüberbrückbare Kluft ist durch das Geheimnis von Bethlehem überwunden worden.

Noch mehr als die Trennung von Schöpfer und Geschöpf wurde in christlichen Schriften ein anderes Hindernis betont, nämlich die Weigerung des Menschen, sein wahres Abhängigkeitsverhältnis anzuerkennen, was eine Entfremdung vom Grund allen Seins zur Folge hatte. Die Beziehung mit Gott erforderte also nicht nur die Überwindung einer Verschiedenheit der Natur, sondern auch die Heilung einer Situation der Entfremdung, die traditionell als Sünde bezeichnet wird. In den Spuren des heiligen Paulus spricht christliche Theologie von dieser Heilung mit Begriffen wie *Rettung* (Röm 1,16; Eph 1,13; Phil 1,28; 1 Thess 5,9), *Erlösung* (Röm 3,24; 1 Kor 1,30; Eph 1,7; Kol 1,14), *Versöhnung* (Röm 5,11; 2 Kor 5,18-20) und *Gerechtmachung*, einer rechten Beziehung zu Gott (Röm 3,24-26; Gal 2,16f; Tit 3,7). Alle diese Ausdrücke beziehen sich auf die Tatsache, dass Gott die Menschen von Feinden in Freunde verwandelt. Das geschieht im Leben und Sterben Jesu, in seiner Auferstehung, und in der Sendung des Heiligen Geistes, der das Menschsein von innen her erneuert.

Gott übernimmt also die Initiative und schließt mit den Menschen Freundschaft. Aber es ist klar, dass jede Freundschaft, die diesen Namen verdient nicht ohne Gegenseitigkeit existieren kann. Wenn wir Jesus Christus betrachten, sehen wir jemand, der aus einer Beziehung mit dem, den er „Abba" nennt, profitiert – er ist „der geliebte Sohn" (Mk 1,11; 9,7), der alles vom Vater empfängt (vgl. Joh 3,35; 5,19f; 8,28f) – aber auch angemessen antwortet. Auf seinen Spuren kann christliches Leben oder christliche Spiritualität als *Versuch, sich die Freundschaft mit Gott durch Christus anzueignen und zu vertiefen* bezeichnet werden. Wie kann dies gelingen? Eine kurze Antwort kann so lauten: durch Wort und Sakrament. In der Taufe sagen wir ja zu Gottes Freundschaftsangebot, im Lesen und Meditieren der Schrift vertiefen wir die Bedeutung dieser Freundschaft und in der Eucharistie entdecken wir, dass die Gemeinschaft mit Gott durch die Teilhabe am Leib und Blut Christi unsere Freundschaft mit allen, die auf dem gleichen Weg sind, festigt. Diesen klassischen Mitteln sollte eines hinzugefügt werden, das vorher schon als „Sakrament des Bruders" bezeichnet worden ist: Freundschaft mit Gott wird durch die gegenseitige Liebe und durch die Liebe zu den Bedürftigen vertieft und bekundet.

Freundschaft zeichnet sich durch Aufmerksamkeit für den anderen aus; in unserer Beziehung mit Gott wird dies *persönliches Gebet* genannt. Es gibt vielleicht so viele Arten zu beten, wie es Gläubige gibt, doch alle gehen mit der Wendung des Herzens und Geistes zur Quelle unseres Seins einher. Jesus ermutigte seine Jünger, mit der Zuversicht, die ein geliebtes Kind in seine Eltern hat, alles Gott anzuvertrauen (vgl. Lk 11,9-13). Ohne die Verinnerlichung einer Beziehung zu Gott in regelmäßigen Gebetszeiten verlieren wir das Bewusstsein der Gegenwart eines Freundes, der mit uns durch dick und dünn geht, oder entwickeln es gar nicht. In der heutigen schnelllebigen Gesellschaft haben die Menschen größere Schwierigkeiten, innezuhalten und sich Gott zuzuwenden als in früheren Zeiten. Das gleiche gilt übrigens auch für unsere Beziehungen zu anderen Menschen, was einer der Gründe dafür ist, dass tiefe Freundschaften und vereinte Familien heute seltener sind denn je. Dies sollte ein Anstoß dafür sein, unsere Prioritäten zu hinterfragen. Vielleicht stellen wir dabei fest, dass ein Großteil unserer „geschäftigen Zeit" eigentlich mit bedeutungslosem Rummel gefüllt ist. Es hilft uns aber auch zu verstehen, dass sowohl im Gebet als auch in Beziehungen mit anderen auf Dauer nicht so sehr die *Menge* an verwendeter Zeit im Vordergrund steht, als vielmehr ihre *Qualität* und *Regelmäßigkeit*. Eine der Lektionen monastischen Lebens besteht darin, dass die Schaffung und Einhaltung eines Lebensrhythmus eine unvergleichliche Hilfe bietet, um zu Menschen zu werden, wie Gott sie gemeint hat. Wenn das Gebet ein Teil des A und O unserer Existenz wird, verstehen wir, wer wir sind. Daher erreichen ein paar regelmäßig im täglichen Gebet mit Gott verbrachte Minuten mehr als kurzlebige Ausbrüche von Glaubensinbrunst, die zwangsläufig nicht mehr als gute Vorsätze sind.

Hier sollte betont werden, dass von einer Freundschaft mit Gott oder Christus zu sprechen nicht notwendig bedeutet, sich diese in Gestalt menschlicher Freunde *vorzustellen*. Auch wenn diese Vorstellung in einigen Gebetsformen eine wichtige Rolle spielen kann – dabei fällt einem sofort die „Gestaltung des Ortes" in den Geistlichen Übungen des heiligen Ignatius von Loyola ein –, unterscheiden sich die Menschen in der Fähigkeit, ihre Vorstellung konkret werden zu lassen. Christliche Denker haben immer wieder bestätigt, dass die Wirklichkeit Gottes jenseits aller menschlichen Vorstellungskraft liegt (vgl. 1 Kor 2,9). Macht dies eine Gotteserfahrung unmöglich? Diesbezüglich kann uns der jahrhundertealte Ausdruck der „geistlichen Sinne" weiterhelfen: Auch wenn die Sinne Gott oder Christus nicht erfassen können, verwandelt der Glaube unser Empfindungsvermögen und befähigt zur Wahrnehmung geistlicher Wirklichkeiten auf einer völlig anderen Ebene.[49] Ohne den Sohn Gottes auf den Status eines

„Kumpels" herabzusetzen, können wir durch das Gebet in der Überzeugung wachsen, dass es eine unterstützende und liebende Gegenwart gibt, die uns nie verlässt und der wir immer wieder unsere tiefsten Sorgen und Freuden anvertrauen können. Das hilft uns, uns im Labyrinth einer Welt zurechtzufinden, die sich von ihren tiefsten Wurzeln entfremdet hat.

Einige Gläubige hatten eine große Fähigkeit, den unsichtbaren Gefährten wahrzunehmen, wie das Gebet des Abtes von Cluny, Petrus Venerabilis, aus dem 12. Jahrhundert zeigt:

> „Immer wird Jesus mit mir sein und sich zu keiner Zeit von mir trennen. Dessen bin ich gewiss, denn weil ich alles verschmähe und verwerfe, was nicht er selber ist, halte ich mich allein an ihn. Jesus soll mein Leben sein, meine Speise, meine Ruhe, meine Freude. Er soll meine Heimat und mein Ruhm sein. Jesus soll mir alles bedeuten: hier auf Erden, so viel wie möglich, durch die Hoffnung und durch die Liebe, bis an die Schwelle der Ewigkeit: Dann werde ich ihn von Angesicht zu Angesicht sehen, wie er verheißen hat."[50]

In der Tradition der Ostkirchen wird diese göttliche Gegenwart, vermittelt durch Christus – und in seinen Spuren – durch alle heiligen Frauen und Männer, vor allem durch Maria, die *Theotokos* („Gottesgebärerin"), in den Ikonen sichtbar. Sie spielen eine Schlüsselrolle in der Spiritualität der Ostkirchen und füllen deren Kirchen. In den westlichen Kirchen der Antike wurden ebenfalls heilige Bilder verwendet, was an den Mosaiken zu sehen ist, die Wände und Decke schmücken. In den Kathedralen von Monreale und Cefalù auf Sizilien beispielsweise bedeckt ein riesiges Mosaik des segnenden Christus den gesamten

Raum oberhalb der Apsis, was an die Schlusskapitel des Matthäus- und des Lukasevangeliums erinnert (vgl. Mt 28,16-20; Lk 24,50f). Bringt diese architektonische Besonderheit nicht eine grundlegende Glaubenswahrheit, ja sogar die tiefste Bedeutung der Himmelfahrt Jesu zum Ausdruck? Wenn wir immer mehr in eine persönliche Beziehung mit dem auferstandenen Christus eintreten, entdecken wir, dass er nicht weit weg ist, wie ein eher oberflächliches Verständnis annehmen würde. Mit den Augen des Glaubens beginnen wir ihn überall wahrzunehmen, bis das gesamte Weltall nach und nach die Merkmale einer freundlichen Gegenwart annimmt und das Universum, das ein Gesicht bekommen hat, lächelt.

… UND SOMIT FREUNDE UNTEREINANDER

„Ich nenne euch Freunde. Ihr seid meine Freunde, wenn ihr tut, was ich euch auftrage. Dies trage ich euch auf: Liebt einander!" (Joh 15,15.14.17). Nach dem Johannesevangelium wird die Freundschaft mit Jesus gegenseitig, wenn sie zur Freundschaft mit Männern und Frauen führt, die Gott auf unseren Weg gesetzt hat, besonders mit denen, die denselben Ruf gehört haben und ihm folgen.[51]

Hier müssen wir auf eine Unterscheidung zurückkommen, die in diesem Buch bereits umrissen wurde. Die Entwicklung einer Beziehung mit Christus und die Verwandlung durch seine Liebe führen uns zu einer liebevollen Haltung gegenüber der Welt und lassen uns nach Beziehungen der Liebe streben, von denen niemand ausgeschlossen ist. In der hier verwendeten Sprache wird Freundschaft mit Gott durch Christus in einer Haltung der *Freundlichkeit* gegenüber allen sichtbar. Diese Einstellung wird in dem Bemühen greifbar, uns mit allen *anzu-*

freunden, mit denen wir in Kontakt kommen, auch mit jenen, mit denen wir wenig gemeinsam haben oder die uns feindlich gesinnt sind.

Wenn wir auch eingeladen sind, uns mit allen *anzufreunden*, können wir nur mit jenen *befreundet sein*, die das Angebot annehmen und es freundlich erwidern. Im Laufe unseres Lebens werden sich freundschaftliche Beziehungen also nach dem Grad der möglichen Gegenseitigkeit unterscheiden und rangieren dabei irgendwo zwischen oberflächlichem guten Willen und tiefer Vertrautheit. In den johanneischen Schriften sehen wir, dass eine Form menschlicher Freundschaft besondere Bedeutung hat, nämlich die zwischen den Freunden Jesu. Die Hervorhebung des „Liebt einander!" durch den johanneischen Jesus drückt eine grundlegende Wahrheit aus: Das deutlichste Zeichen der fortdauernden Gegenwart Christi in der Menschheitsgeschichte ist eine Gemeinschaft von Gläubigen, deren Art und Weise des gemeinsamen Lebens zeigt, dass göttliche Liebe die Welt wirklich verändern und die Familie Gottes verwandeln kann. Kurz gesagt: Die Fähigkeit der Kirche, das Evangelium mitzuteilen, steht und fällt mit ihrem Vermögen, eine offene Gemeinschaft von Freunden zu sein.

Die Folgen dieser einfachen Wahrheit sind weitreichend. Wie viele Gemeinden sind sich in einer Gesellschaft, in der Machen, Planen und Erfolg regieren, der Tatsache bewusst, dass es neben der Vertiefung einer Beziehung mit Christus dringlich ist, Freundschaften zwischen den Mitgliedern aufzubauen? In der heutigen Zeit kann solch ein Bemühen leicht als Zeitverschwendung erscheinen, das anderen messbaren Aufgaben Ressourcen und Energie wegnimmt. Und doch: Einsamkeit und Individualismus, Resultat einer Gesellschaft, in der Beziehungen immer mehr von wirtschaftlichen Aktivitäten be-

stimmt werden (verdienen, konsumieren, kaufen und ver-
kaufen), verursachen in vielen Menschen ein Verlangen
nach einfachen Formen absichtslosen Angenommenseins,
das von der Herkunftsfamilie oft nicht erfüllt wird. Häufig sind es die kleineren, eher jüngeren christlichen Konfessionen, die diesem Bedürfnis am Besten entsprochen
haben. Was sie für neue Konvertiten und Menschen, die
aus einem traditionelleren und anonymeren kirchlichen
Milieu flüchten, oft attraktiv macht, ist ihr familiärer Charakter, der sie, besonders in Zeiten der Not, für ihre Mitglieder da sein lässt. Wenn in diesen neueren Gemeinschaften jemand ein oder zwei Wochen nicht in der Kirche gesehen wurde, wird ein anderes Gemeindemitglied
sich um ihn kümmern; ist jemand krank oder arbeitslos,
werden ihn einige besuchen, um für das nötige materielle
und spirituelle Wohl zu sorgen. Ohne dass sie sich dessen
immer bewusst sind, schaffen diese Kirchen auf der Basis
des Glaubens an Christus eine Kultur der Zugehörigkeit,
die einst unsere kleinen Städte und Wohngegenden zu-
sammengehalten hat und durch die Zunahme an Mobili-
tät und den Zusammenbruch traditioneller Werte nach
und nach untergraben wurde.

Die Großkirchen haben mehr Schwierigkeiten, dieses
Bedürfnis nach Freundschaft unter ihren Mitgliedern zu
befriedigen. Es ist vor allem ihre Größe, die dagegen
spricht. Eine große Stadt- oder Vorstadtgemeinde, in der
sich die Leute nur am Sonntagmorgen für eine Stunde sehen, ist nicht der ideale Ort, enge Bande zu knüpfen. Aus
diesem Grund ist es vielleicht ein erster Schritt, die Gemeinde aufzugliedern, nicht primär, um bestimmte Aufgaben zu erfüllen (solche Gruppen gab es immer schon in
einer Gemeinde und es wird sie auch immer geben), sondern als Bausteine im Prozess des Aufbaus von Gemeinschaft.

Das Bistum Nanterre im Außenbezirk von Paris hat dies verstanden und richtet sich darauf aus, „kleine geschwisterliche Glaubensgemeinschaften zu fördern". Die Animatoren erklären:

„Ohne Gemeinschaft können Christen nicht leben. ... Aber in den Pfarreien unseres Bistums sind die Gläubigen sehr zahlreich! Es ist unmöglich, jeden zu kennen. Was bedeutet es also, Mitglied einer Gemeinschaft zu sein? Wie kann jede und jeder Getaufte von anderen Christen wahre Unterstützung für den eigenen Glauben und die eigene Person empfangen? ... Heute ist es vielleicht mehr denn je notwendig, dass es zwischen dem ‚getauften Individuum' und der ‚Gemeindepfarrei' eine Wirklichkeit der Gemeinschaft gibt, in der eine begrenzte Zahl von Leuten einander helfen, das Evangelium in einer direkteren und regelmäßigeren Weise zu leben und es jenen, die nach einem Sinn suchen, vorzuschlagen. ... Diese Wirklichkeit ist nicht neu. Viele verschiedene Arten solcher Gemeinschaften existieren. ... Die derzeitige Lage ruft uns dazu auf, jene, die funktionieren, zu unterstützen und weiterzuentwickeln und anzufangen, neue zu ‚erfinden'".[52]

Sie erklären weiter, dass solche Gemeinschaften danach streben sollen, Orte des Gebets und des Bibelteilens zu werden, auch wenn sie einfach mit einem Angebot des Beisammenseins beginnen. Als „Zellen der Kirche" sollten sie sich nicht als unabhängig, sondern verbunden mit einer größeren Gemeinschaft, der Ortsgemeinde oder Diözese, betrachten, um nicht zu „einem Kokon oder einer Sekte" zu werden. Sie können dabei verschiedene Formen annehmen, als Ableger bereits existierender Gruppen oder spontane Initiativen. Das Wichtigste ist, dass diese kleinen Glaubensgemeinschaften Orte sind, an denen „die Freuden und Sorgen des Lebens im Licht des Wort Gottes geteilt werden können"[53].

Diese Initiative eines französischen katholischen Bistums erinnert an die „Hauskreise" in evangelischen Kirchen. In beiden Fällen handelt es sich um einen Versuch, kleinere Gruppen zu gründen, die ihren Mitgliedern spirituelle und menschliche Unterstützung anbieten. Diese Gemeinschaften geben der Glaubenspraxis ein menschliches Gesicht und fördern sie, indem sie Gläubige zur gegenseitigen Verantwortung aufrufen – was äußerst wichtig ist in Gesellschaften, die sich weit von den Lehren des Evangeliums entfernt haben. Man denkt dabei sofort an die Situation der ersten Christen, die sich in Häusern trafen und eine deutliche Alternative zu den Werten des Römischen Reiches darstellten. Wenn die Kirche ihre Identität als Gemeinschaft von Freunden wiederentdecken soll, könnten dann solche lokalen Initiativen, wie einfach sie auch sein mögen, nicht ein wichtiger Schritt in diese Richtung sein?

GEMEINSCHAFTEN DER GASTFREUNDSCHAFT

Auch wenn es heute notwendig und von Vorteil ist, die Existenz kleiner christlicher Gruppen aller Art, Hauskreise und Gemeinden, die Wert auf Freundschaften unter ihren Mitgliedern legen, zu fördern, hat dies trotz allem seine Schattenseiten. Der oben zitierte Text von Nanterre warnt die Gemeinden zurecht davor, nicht zu einem „Kokon oder einer Sekte" zu werden. Es kann mit der Zeit passieren, dass Gruppen, in denen die Leute sich „zusammen wohlfühlen", beginnen, sich nach innen zurückzuziehen und dieses „Wohlfühlen" zu einem Selbstzweck zu machen. Das deutlichste Zeichen eines solchen

Rückzugs besteht in der Weigerung, sich zu ändern und in der Ablehnung, sich jemandem von außen zu öffnen, der Neues einbringt. Langsam, aber sicher wird so die Freundschaft in Christus zu einer menschlichen Freundlichkeit, wenn nicht sogar zur Geselligkeit. Indem sie ihre Verwurzelung in Christus verliert, wird eine solche Gruppe immer oberflächlicher und exklusiver. Einer der Kritikpunkte, die man manchmal in Bezug auf bestimmte Gemeinden, besonders in wohlhabenden Gegenden, hört, besteht darin, dass sie von außen betrachtet eher „gesellige Vereine" denn Zeichen der Gegenwart Christi in der Welt sind. Ohne ein Urteil über die Stichhaltigkeit solcher Anschuldigungen zu fällen, muss man doch sagen, dass die Förderung von Kameradschaft unter den Mitgliedern vor allem zu einer Schwächung der allumfassenden Botschaft der Kirche führen kann. Christliche Gemeinden sind schließlich nicht dazu berufen, Zirkel von Gleichgesinnten zu sein, sondern Zeichen einer verwandelten Menschheit.

Was können wir tun, um dieser Entstellung vorzubeugen? Drei verschiedene, sich ergänzende Wege können helfen, das Miteinander unter Christen zu vertiefen und zu erweitern.

Der erste Weg liegt in einer „Rückkehr zu den Quellen", in der Erinnerung an das Spezifische einer christlichen Gemeinschaft. Wir haben, angefangen bei Aristoteles, wiederholt gesehen, dass jede Freundschaft auf einer *koinonía* gründet, einem „dritten Faktor", den die Freunde gemeinsam haben. In unserem Fall ist dieser dritte Faktor kein speziell menschliches Interesse, sondern der auferstandene Christus, der durch das Wirken des Heiligen Geistes in der Gemeinde gegenwärtig wird. „Wo zwei oder drei in meinem Namen versammelt sind, da bin ich mitten unter ihnen", sagt Jesus (Mt 18,20). Um es prägnant auszudrücken: Christliche Freundschaft ist Freundschaft *in Christus*. Sie muss sich folglich mit allen Mitteln bemühen, den lebendigen Christus im Mittelpunkt zu behalten. Das bedeutet eine Verwurzelung im Gebet, in der Reflexion des Wortes Gottes, der Feier der Sakramente, vor allem der Eucharistie. All das hilft dabei, die menschliche Dimension der Gemeinde zu dem hin zu überschreiten, der ihr Identität und Zusammenhalt verleiht. „Nicht ihr habt mich erwählt, sondern ich habe euch erwählt", sagt Jesus zu seinen Anhängern (Joh 15,16). Christus im Mittelpunkt zu haben bedeutet nicht, ständig an ihn zu denken oder über ihn zu sprechen – das wäre unnötig und unmöglich –, sondern in dem Bewusstsein zu leben, dass wir Gemeinschaft haben, weil Christus uns aufruft, ihn zu bekunden durch die Liebe, die wir miteinander und mit all jenen teilen, mit denen wir in Kontakt kommen.

Dies führt zu einem zweiten Weg, ein freundschaftliches Leben in Christus zu führen. In den Evangelien werden zwei Gruppen als besondere Freunde Jesu betrachtet. Er nennt seine Jünger Freunde (Joh 15,15) und war als „Freund der Zöllner und Sünder" (Mt 11,19) bekannt.[54] Die Tischgemeinschaft Jesu mit den von der vornehmen Gesellschaft Ausgeschlossenen, ist – zum Entsetzen der religiösen Elite und der Theologen – eines der mächtigsten Bilder für Gemeinschaft im Neuen Testament (vgl. Mk 2,15-17). In ähnlicher Weise identifiziert sich Jesus im großen Gemälde des „letzten Gerichts" (Mt 25,31-46) mit zwei Gruppen: den Bedürftigen und Verstoßenen und jenen, die ihre eigene Bequemlichkeit hinter sich lassen, um zu ersteren zu gehen.

All dies scheint darauf hinzuweisen, dass der Gemeinschaft mit „den Armen" im Gefolge Jesu ein besonderer Ort zukommen soll. Gemeint sind die materiell Benachteiligten, aber auch all jene, die Außenseiter sind und ihren Platz in der Gesellschaft nicht finden können, sei es wegen einer persönlichen Beschränkung oder wegen der Vorurteile der anderen. Wenn eine christliche Gemeinde für die – in diesem weiten Sinne – Armen offen ist, hat sie ein mögliches Gegenmittel zur Gefahr, bequem zu werden oder sich als eine Art Gesellschaft gegenseitiger Bewunderung abzukapseln.

Es ist nicht zu leugnen, dass die christliche Kirche durch die Jahrhunderte in ihrer Sorge für die Benachteiligten unerreicht ist. Nachfolger Jesu fand man an vorderster Front, wenn es um Initiativen ging, den Hungernden Nahrung, den Obdachlosen Schutz und den Kranken Pflege zu bieten. In unserer Zeit ist klar geworden, dass es zusätzlich zur Sorge um die Opfer sozialer Missstände nötig ist, auch an gesellschaftlichen Veränderungen zu arbeiten, um solche Missstände zu beheben, indem man sich den sogenannten „Strukturen des Unrechts" widersetzt. Unsere Betrachtungen deuten hier auf einen weiteren Schritt hin, der gemacht werden muss, wenn wir der Vision unseres Gründers treu bleiben wollen. Das Beispiel Jesu zeigt uns, dass es nicht reicht, den Armen und Ausgestoßenen zu helfen; wir sind aufgefordert, uns mit ihnen anzufreunden. Das Hilfsangebot aus einer Position äußerer oder innerer Überlegenheit verstärkt die sozialen Trennungen und bekräftigt die Unterlegenheit jener, die Hilfe empfangen. Eine solche herablassende Einstellung, wie gut sie auch immer gemeint sein mag, ist wahrscheinlich einer der Gründe, warum das schöne Wort „Barmherzigkeit", das sich ursprünglich auf Gottes selbstlose Liebe bezog, in unseren Tagen schon fast eine Beleidigung darstellt.

Was würde es für christliche Gemeinden und Gemeinschaften bedeuten, ausgeschlossene Individuen und Gruppen nicht nur als potenzielle Klienten, als Gegenstand unserer Hilfe und Sorge zu betrachten, sondern sie, wo dies möglich ist, einzuladen und sie als Gäste, als potenzielle Freunde zu empfangen? Oder wenigstens nicht aus einer überlegenen Position heraus auf sie zuzugehen, sondern einzusehen, dass es um eine Beziehung geht, in der wir viel empfangen und lernen, wie wir geben müssen? Als Jesus, müde und durstig vom Reisen, eine Frau am Brunnen in Samarien traf, fing er nicht an, seine Überlegenheit als Jude, Mann und von Gott Gesandtem zu betonen, sondern bat sie um etwas Wasser, um seinen Durst zu stillen, nahm also eine niedrigere Position ein, von der aus er ihre „Barmherzigkeit" annehmen konnte (vgl. Joh 4,6f). Solch ein Wechsel der Perspektive würde sehr viel dazu beitragen, die Freundschaft zwischen den Gläubigen in ein glaubwürdiges Bild von Gottes allumfassender Familie zu verwandeln.

Dass es nie einfach war, dies in die Tat umzusetzen, sehen wir bereits in einer der ältesten Schriften des Neuen Testaments:

„Haltet den Glauben an unseren Herrn Jesus Christus, den Herrn der Herrlichkeit, frei von jedem Ansehen der Person. Wenn in eure Versammlung ein Mann mit goldenen Ringen und prächtiger Kleidung kommt, und zugleich kommt ein Armer in schmutziger Kleidung, und ihr blickt auf den Mann in der prächtigen Kleidung und sagt: Setz dich hier auf den guten Platz!, und zu dem Armen sagt ihr: Du kannst dort stehen!, oder: Setz dich zu meinen Füßen! – macht ihr dann nicht untereinander Unterschiede und fällt Urteile aufgrund verwerflicher Überlegungen? Hört, meine geliebten Brüder und Schwestern: Hat Gott nicht die Armen in der Welt auserwählt, um sie durch den Glauben reich und zu Erben des Königreichs zu machen, das er denen verheißen hat, die ihn lieben? Ihr aber verachtet den Armen ..." (Jak 2,1-6).

Etwas allgemeiner ausgedrückt ist eines der Gebote, das christliche Gemeinschaften auf dem Weg des Evangeliums bleiben lässt, die Praxis der Gastfreundschaft. Es ist oft darauf hingewiesen worden, dass das griechische Wort für Gastfreundschaft im Neuen Testament, *philoxenía*, wörtlich „Fremdenfreundschaft oder -liebe" bedeutet, wohingegen Gastfreundschaft heutzutage heißt, Freunde oder Verwandte zu empfangen. Viele wenn nicht die meisten Kulturen des Altertums hielten die Notwendigkeit, vorbeiziehenden Fremden Nahrung und Obdach zu gewähren, für eine heilige Pflicht. Diese Aufforderung fand ihren Ausdruck in Mythen, die von Göttern erzählten, die in menschlicher Form auf die Erde kamen und erwarteten, empfangen zu werden – ein Motiv, das auch in der Bibel seine Spuren hinterlassen hat, zum Beispiel in der Erzählung der drei Boten, die zu Abraham kommen und ihm die Geburt eines Sohnes ankündigen (vgl. Gen 18,1-15).[55] Im Hebräerbrief hören wir einen Widerhall davon: „Vergesst die Gastfreundschaft nicht; denn durch sie haben einige, ohne es zu ahnen, Engel beherbergt" (Hebr 13,2).

Die ersten Christen waren zur Praxis der Gastfreundschaft, insbesondere gegenüber Mitchristen, berufen, um während der vielen gegenseitigen Besuche die Verbindungen zwischen Gemeinden an unterschiedlichen Orten zu stärken. Diese Praxis war so weit verbreitet, dass sie zu Missbräuchen führte; in den frühen christlichen Schriften finden wir Warnungen vor Besuchern, die nur deshalb für lange Zeit kamen, um von freier Kost und Logis zu profitieren! Die Tradition der Gastfreundschaft blieb vor allem in monastischen Gemeinschaften erhalten, zuallererst für Mitbrüder und dann für jeden, der kam, um das Leben der Mönche für einige Zeit zu teilen. Als die Anzahl der Gäste zunahm, waren Gemeinschaften in gewisser Weise gezwungen, deren Empfang so zu organisieren, dass der tägliche Rhythmus des monastischen Lebens nicht gestört wurde. Besucher wurden dann in *xenodocheia* oder *hospitia* empfangen, Herbergen, die von den dazu beauftragten Mönchen verwaltet wurden. Hier finden sich die Anfänge einer Institutionalisierung christlicher Gastfreundschaft, die bald zur Entstehung von Wohlfahrtseinrichtungen führte, die im Laufe der Jahrhunderte charakteristisch für das Christentum wurden: Waisenhäuser, Altenheime, Schulen für bedürftige Kinder, Krankenhäuser usw.

Wir können uns allerdings fragen, ob diese Zunahme an Effizienz nicht mit einer Einbuße der tieferen Bedeutung von Gastfreundschaft einherging. Indem die Praxis, andere zu empfangen, auf bestimmte Einzelpersonen oder Gruppen übertragen wurde, verlor die christliche Gemeinschaft als Ganze eine Möglichkeit, um eine wichtige Dimension ihres Daseins im Gedächtnis zu bewahren: die Tatsache, dass sie nicht bloß um ihrer selbst oder ihrer Mitglieder willen existierte. Im Fremden, den wir aufnehmen, empfangen wir Christus. Dies gibt uns nicht nur die Möglichkeit, großzügig zu sein, sondern ruft uns hinaus aus unserer bequemen Routine und fordert uns dazu auf, uns für Neues und oftmals Beunruhigendes zu öffnen. Gastfreundschaft ruft uns deutlich in Erinnerung, dass Gemeinschaft in Christus niemals eine Gesellschaft Gleichgesinnter sein kann. Wie aus diesen Seiten bereits im Übermaß deutlich geworden sein sollte, untergräbt das Evangelium radikal jegliche menschliche Neigung, zwischen „In-Guppe" und „Out-Gruppe" zu unterscheiden (vgl. Lk 6,27-36). Obwohl es offensichtlich ist, dass das Angebot der Gastfreundschaft in der Praxis nicht unbegrenzt sein kann, wenn eine Gemeinschaft ihr Dasein und ihre Identität wahren will, liegt ein deutliches Zeichen dafür, dass sie in der Dynamik des Evangeliums lebt, in der Bereitschaft, sich von denen, die von außen kommen und zunächst fremd und sogar bedrohlich scheinen mögen, „stören" zu lassen. „Ich war fremd und ihr habt mich aufgenommen" (Mt 25,35).

DIENER DER EINHEIT UND UNIVERSALITÄT

Eine dritte Möglichkeit, christliche Gruppen und Gemeinden davor zu bewahren, sich in gefälliger Selbstzufriedenheit nach innen zu wenden, liegt darin, ihre Verbindungen mit dem Leib Christi zu stärken. Wie bereits in unserer Erörterung der Katholizität erwähnt (s. S. 54ff), ist eine Ortskirche nur dann ein Mikrokosmos des Ganzen und somit ein lokaler Ausdruck des Leibes Christi, wenn sie in Gemeinschaft mit anderen Ortskirchen bleibt. Auch hier kann das Bild der Körperzellen hilfreich sein: Auch wenn jede Zelle potenziell alles in sich trägt, um den ganzen Organismus zu erneuern, ist sie nur dann richtig lebendig, wenn sie mit den anderen Körperzellen verbunden ist. Besonders kleinere Gruppen wie Basisgemeinden oder Hauskreise sollten durch die Ortsgemeinde oder Diözese eine lebendige Beziehung zur Großkirche beibehalten, wenn sie sich nicht auflösen oder zur Sekte werden wollen.[56]

Historisch gesehen war dieser Hinweis auf eine weitere Zugehörigkeit eine vorrangige Aufgabe des apostolischen und pastoralen Dienstes der Kirche. Neben der Bewahrung aller verschiedenen Gruppen oder Interessengruppen innerhalb einer Ortskirche, dient der Bischof als wichtiges Bindeglied zur Kirche an anderen Orten und in anderen Zeiten. Die Bedeutung dieser Funktion wurde bereits früh erkannt; sie geht schon auf die erste Generation nach der Entstehung der neutestamentlichen Schriften zurück. Im frühen zweiten Jahrhundert schrieb Bischof Ignatius von Antiochien auf seinem Weg nach Rom zum Martyrium eine Reihe von Briefen an die Gemeindeleiter in den Städten, durch die er reiste. Seine grundsätzliche Sorge galt der Einheit der Kirche; vor Ort sah er diese gewährleistet durch die Figur des Bischofs als Bindeglied, umgeben von den Presbytern (dem Ältestenrat) und unterstützt durch die Diakone:

> „Folgt alle dem Bischof wie Jesus Christus dem Vater, und dem Presbyterium wie den Aposteln; die Diakone aber achtet wie Gottes Gebot. Keiner soll etwas von kirchlichen Dingen ohne den Bischof tun. Jene Eucharistie soll als gültig gelten, die unter dem Bischof – oder wem er sie anvertraut – stattfindet. Wo der Bischof erscheint, da soll auch die Gemeinde sein, wie da, wo Christus Jesus sich befindet, auch die allgemeine (*katholikē*) Kirche ist" (*Brief an die Gemeinde in Smyrna*, VIII, 1f; *vgl. Brief an die Gemeinde in Ephesus*, IV-VI; *in Magnesia*, VII; *in Tralles*, II; *in Philadelphia* II; IV).

Diese Einheit wird in besonderer Weise in der Eucharistiefeier sichtbar, bei der die Gemeinde in all ihrer Vielfalt um einen Tisch versammelt ist. Die Bischöfe stellten diese Einheit zwischen den über die ganze Welt verteilten Ortskirchen dar, sodass Ignatius schreiben konnte:

> „Deshalb habe ich den Gedanken gefasst, euch zuzureden, dass ihr mit Gottes Sinn übereinstimmt. Ist doch auch Jesus Christus, unser unerschütterliches Leben, des Vaters Sinn, wie auch die Bischöfe, die bis an die Grenzen eingesetzt sind, in Jesu Christi Sinn sind" (*Brief an die Gemeinde in Ephesus*, III, 2).

Diese Aufgabe des Apostolischen Dienstes wurde in den folgenden Jahrhunderten immer eindeutiger. In der Mitte des dritten Jahrhunderts schrieb Bischof Cyprian von Karthago in Nordafrika:

„Diese Einheit müssen wir unerschütterlich festhalten und verteidigen, vor allem wir Bischöfe, die wir in der Kirche den Vorsitz haben, damit wir auch das Bischofsamt selbst als ein einziges und ungeteiltes erweisen. ... Das Bischofsamt ist nur eines, an dem jeder Einzelne nur unter Wahrung des Ganzen seinen Anteil hat. Auch die Kirche ist nur eine, die sich zur Vielheit bloß durch ihr üppiges Wachstum immer weiter ausbreitet" (*Über die Einheit der Kirche*, 5).

Untereinander bilden die Bischöfe ein „Kollegium", eine Art „Gleichnis der Gemeinschaft", das regelmäßig in Kirchensynoden, Konzilen und heute in nationalen und regionalen Bischofskonferenzen sichtbar wird. An dieser Stelle können wir die Bedeutung der Frage bezüglich des besonderen Amtes des Bischofs von Rom verstehen, die der Gründer von Taizé zu einer Zeit stellte, als die Gemeinschaft ihre ersten katholischen Mitglieder aufnahm:

„Wenn jede Ortsgemeinde einen Hirten braucht, um die Gemeinschaft unter denen zu fördern, die stets dazu neigen, ihre eigenen Wege zu gehen, wie können wir auf eine sichtbare Gemeinschaft aller Christen auf der Erde hoffen, wenn es keinen Hirten für alle gibt?" (KK 76).

In diesen Worten stellte Frère Roger fest, wie schwierig es für Christen sein würde, sich auf eine Antwort in dieser Frage zu einigen:

„Gewiss hat der Bischof von Rom eine ungeheure Last
der Geschichte zu tragen, sodass das Besondere seiner
Sendung vorerst nur undeutlich erkennbar wird. Er ist
heute aufgerufen, sich von den lokalen Pressionen frei
zu machen, um so universal wie möglich zu sein, um
prophetische Einsichten frei verkünden zu können, um
auch für einen ökumenischen Dienst frei zu sein, der die
Gemeinschaft unter allen Kirchen vorantreibt, indem er
selbst an diejenigen sich wendet, die sein Dienstamt ablehnen. Lässt sich die Aufgabe des ,Dieners der Diener
Gottes' – nicht nur den Katholiken, sondern auch den
Nichtkatholiken gegenüber – nicht mit dem einen Wort
umschreiben: seine Brüder stärken ...?" (KK 77).

Überraschenderweise und vielleicht unbewusst sprach
ein Bischof von Rom, Johannes Paul II., etwa zwanzig Jahre später in einer Enzyklika zum Thema Ökumene von
Frère Rogers Anliegen:

„Wie ich anlässlich der wichtigen Begegnung beim
Ökumenischen Rat der Kirchen in Genf am 12. Juni
1984 ausführen konnte, stellt die Überzeugung der katholischen Kirche, in Treue zur apostolischen Überliefe-
rung und zum Glauben der Väter im Amt des Bischofs
von Rom das sichtbare Zeichen und den Garanten der
Einheit bewahrt zu haben, freilich eine Schwierigkeit
für den Großteil der anderen Christen dar, deren Gedächtnis durch gewisse schmerzliche Erinnerungen
gezeichnet ist. Soweit wir dafür verantwortlich sind,
bitte ich mit meinem Vorgänger Paul VI. um Verzei-
hung. ... Als ich mich an den ökumenischen Patriarchen, Seine Heiligkeit Dimitrios I., wandte, habe ich
gesagt, dass sich aus sehr verschiedenen Gründen und
gegen den Willen der einen wie der anderen das, was

ein Dienst sein sollte, sich unter einem ganz anderen Licht zeigen konnte. Aber aus dem Wunsch, wirklich dem Willen Christi zu gehorchen, sehe ich mich als Bischof von Rom dazu gerufen, diesen Dienst auszuüben. Der Heilige Geist schenke uns sein Licht und erleuchte alle Bischöfe und Theologen unserer Kirchen, damit wir ganz offensichtlich miteinander die Formen finden können, in denen dieser Dienst einen von den einen und anderen anerkannten Dienst der Liebe zu verwirklichen vermag. Eine ungeheure Aufgabe, die wir nicht zurückweisen können und die ich allein nicht zu Ende bringen kann. Könnte die zwischen uns allen bereits real bestehende, wenn auch unvollkommene Gemeinschaft nicht die kirchlichen Verantwortlichen und ihre Theologen dazu veranlassen, über dieses Thema mit mir einen brüderlichen, geduldigen Dialog aufzunehmen, bei dem wir jenseits fruchtloser Polemiken einander anhören könnten, wobei wir einzig und allein den Willen Christi für seine Kirche im Sinne haben und uns von seinem Gebetsruf durchdringen lassen: ‚… sollen auch sie eins sein, damit die Welt glaubt, dass du mich gesandt hast' (*Joh* 17, 21)?" (Enzyklika *Ut unum sint*, 88, 95f; 25. Mai 1995).

Diese Zeilen zeigen das klare Bewusstsein, dass das apostolische Amt in der Kirche – ob priesterlich, bischöflich oder päpstlich – nicht zuerst eine Sache rechtlicher Strukturen und menschlicher Institution zur Leitung eines Teils des Volkes Gottes ist. Es ist vielmehr, zumindest potenziell, ein von Christus gegebenes Geschenk, um den Glauben, die Hoffnung und die Liebe aller Gläubigen aufzubauen, besonders dadurch, dass man ihnen hilft, ihre örtliche Zugehörigkeit zu überschreiten und sie ermutigt, ihre besonderen Gaben in den Dienst einer größeren Gemeinschaft zu stellen. Welche neuen Wege können hier und jetzt gefunden werden, um diese Gabe im vollen Glanz des Evangeliums aufleuchten zu lassen, sodass sie so viel Frucht wie möglich bringen kann, ohne auf den hypothetischen Tag zu warten, an dem alle Christen in die gleichen Kirchenstrukturen eingegliedert sein werden? Um noch einmal auf unsere Unterscheidung zurückzukommen (s. S. 128f): Das Amt in der Kirche ist eine Wirklichkeit, die sich auf der ersten Ebene befindet (*sacramentum*); sein Daseinsgrund offenbart sich darin, dass es das Wachstum eines weltweiten Netzwerks von Freunden in Christus fördert (*res et sacramentum*), was wiederum eine allumfassende Gemeinschaft in Gott darstellt (*res*).

FREUNDSCHAFT OHNE GRENZEN

In der heutigen Zeit gibt es einen weiteren Faktor, der Menschen hilft, über ihre geografischen Grenzen hinauszugehen und die Möglichkeit einer universaleren Freundschaft zu entdecken. Er liegt nicht im Evangelium, sondern eher in der Entwicklung der menschlichen Gesellschaft. Es handelt sich um die Revolution in Verkehrswesen und Kommunikation, die Teil dessen ist, was heute Globalisierung genannt wird. Relativ preiswerte und erschwingliche Fernreisen und besonders das World-Wide-Web haben den Begriff des „globalen Dorfes" treffender den je gemacht. Beispielsweise kommen Pilger aus der ganzen Welt nach Taizé und können nach ihrem Aufenthalt mühelos durch E-Mail oder internetbasierte Kommunikationsformen mit Freunden in Kontakt bleiben, die sie auf dem Hügel kennengelernt haben. Ironischerweise ist es heute oft leichter, mit Leuten auf der anderen Seite des

Globus in Verbindung zu bleiben, als mit Menschen, mit denen man Tür an Tür lebt.

Diese neueren Entwicklungen bieten beeindruckende Hilfsmittel, um Gemeinschaft in Jesus Christus als ein „weltweites Netz" von Freunden zu entdecken. Sie können somit zu einem tieferen Verständnis der Kirche beitragen, wie sie eigentlich von Anfang an gewesen ist, im Gehorsam zum Ruf Christi, zu „allen Völkern zu gehen und alle Menschen zu Jüngern zu machen" (Mt 28,19). Die Worte des heiligen Johannes Chrysostomus, geschrieben im vierten Jahrhundert, finden heute eine ganz neue Resonanz: „So betrachtet der, der in Rom wohnt, die Inder als seine eigenen Glieder."[57] In einer Welt, in der Sofort-Kommunikation zwischen Europa und Asien für selbstverständlich gehalten wird, ist dies nicht mehr nur eine abstrakte Möglichkeit.

Allerdings ist es wichtig, dass wir uns vom Glanz neuer Technologien, hinsichtlich ihrer Grenzen oder des möglichen missbräuchlichen Umgangs mit ihnen, nicht blenden lassen. Diese können mit dem Adjektiv „virtuell" zusammengefasst werden, das dank des Internets wieder aufgelebt ist. Nähe und Gemeinschaft durch elektronische Kommunikation sind insofern „virtuell", als sie den Eindruck eines Austauschs und Beisammenseins vermitteln, das unwirklicher ist, als es scheint. Wir können die leibhaftige Natur menschlicher Wesen letztendlich nicht leugnen: Wahre Gemeinschaft wurzelt in einem miteinander geteilten Leben, das die leibliche Präsenz ernst nimmt und über längere Zeiträume hinweg normalerweise körperliche Nähe beinhaltet. Die Erfahrung vieler Paare, die sich im Internet kennengelernt haben, legt davon Zeugnis ab. Es ist ein wichtiger und unerlässlicher Schritt, von E-Mail-Kontakten und über das Internet geführten Gesprächen oder sogar dem monatlichen Flug in eine weit entfernte Stadt zu dem Versuch überzugehen, täglich miteinander zu leben. Auf virtuelle Intimität kann oft ein böses Erwachen folgen, wenn man mit dem rauen Alltag konfrontiert wird.

Kurz gesagt: Während moderne Kommunikationsmittel ein Gefühl der Verbundenheit mit anderen Gläubigen vertiefen und am Leben erhalten können, kommt diese Verbundenheit nicht ohne persönlichen Kontakt aus. Jesus lehrt uns, dass wir nicht sagen können, wir liebten den unsichtbaren Gott, wenn wir unsere Brüder und Schwestern, die wir sehen, nicht lieben (vgl. 1 Joh 4,20). Wie können wir – entsprechend – sagen, dass wir unseren Bruder oder unsere Schwester per Internet lieben, wenn wir nicht fähig sind, jene zu lieben, mit denen wir täglich in Kontakt kommen? Auch wenn es richtig ist, dass der heilige Paulus und andere Führungspersonen unter den ersten Christen durch Briefe tiefe Bindungen mit Gemeinden im ganzen Mittelmeerraum aufrechterhielten, besuchten sie diese Gemeinden, so oft sie konnten, und teilten ihr Leben für einen bestimmten Zeitraum (vgl. Apg 18,11; 20,31). Der Historiker und Philosoph Ivan Illich erklärt in seinem Kommentar zum Gleichnis des barmherzigen Samariters, dass die Neuheit der christlichen Botschaft es mit sich bringt, den Mann oder die Frau in Not, der oder die meinen Weg kreuzt, als Bruder oder Schwester in Christus zu betrachten. Ihre körperliche Präsenz ruft mich aus meiner Selbstgefälligkeit heraus und bringt mich dazu, sie empfangen und ihnen beistehen zu wollen. Wenn dieser Beistand zur Erhöhung seiner Wirksamkeit durch Institutionen vermittelt wird, ist er auf dem Weg herabgesetzt und droht ein anonymes „Gesetz" zu werden.[58]

Damit soll nicht gesagt sein, dass Institutionen im menschlichen Leben nicht notwendig wären oder technologische Fortschritte keine anregenden neuen Möglichkeiten böten, um unseren Horizont zu erweitern. Unsere Vorfahren haben von Anfang an Werkzeuge benutzt, um ihren Wirkungsbereich zu erweitern. Aber es ist wichtig, im Gedächtnis zu behalten, dass die Werkzeuge, die wir benutzen, nicht wertneutral sind. Sie nehmen ein Eigenleben an und führen unvermeidlich dazu, uns zu verändern und von unserem ursprünglichen Vorhaben abzuwenden.[59] Es ist nicht länger ungewöhnlich, ein Paar beim Spazierengehen zu sehen, jeder von ihnen im Telefongespräch mit einer anderen dritten Person, oder Teenager, die in einem Café am gleichen Tisch sitzen, aber nicht miteinander im Gespräch sind, sondern auf kleine elektronische Bildschirme starren, die sie in ihrer Hosentasche oder ihrem Rucksack tragen und mit denen sie die ganze Zeit spielen. Viele Menschen haben festgestellt, dass die Kommunikation per E-Mail oder durch Facebook und Twitter und deren möglichen Nachfolgern zwar immer einfacher wird, aber an Qualität abnimmt. Diese elektronischen Mittel bezeugen ein wahres Bedürfnis insbesondere junger Menschen und bieten – wenn mit Umsicht gebraucht – neue Möglichkeiten, Teil eines Netzwerks von Freunden zu sein. Dennoch laufen sie Gefahr, „Freundschaft" auf eine Form von Geselligkeit oder sogar Konformismus zu reduzieren, die oberflächlich und letztendlich enttäuschend ist.

Angesichts einer solchen Umwandlung von menschlichen Wesen in körperlose Informationsträger ist es heilsam, sich das sakramentale Wesen der christlichen Gemeinschaft in Erinnerung zu rufen. Wir treten ihr bei, indem wir in Gegenwart anderer in Wasser getaucht und mit Öl gesalbt werden; wir erhalten sie dadurch, dass wir Leib und Blut Christi unter den Gestalten von Brot und Wein empfangen. Wir sollten nicht vergessen, dass die

Worte der Heiligen Schrift ursprünglich laut vorgelesen
und in der Gottesdienstversammlung erläutert wurden.
Der Übergang zum geschriebenen Wort, eine Folge der
Alphabetisierung der Massen und der Erfindung des
Buchdrucks, bot neue Möglichkeiten des Lernens und
Verstehens, lenkte aber ab von einer sakramentalen Verkündigung des Wortes Gottes, das die Hörer zu einer
Glaubensgemeinschaft verband. Die judenchristliche Tradition erinnert uns daran, dass wir unseren Körper mit
seinen fünf Sinnen zu unserem eigenen Schaden vernachlässigen. Wir sollten die neuen Möglichkeiten des Trans-
ports und der Kommunikation willkommen heißen und
die Kirche als eine weltweite Gemeinschaft in Christus
entdecken, die weit über unsere Ortsgemeinde hinausgeht, doch wir sollten auch aufmerksam sein für die tat-
sächlichen Grenzen. Eine virtuelle Glaubensgemeinschaft
muss, um authentisch zu sein, eine Erweiterung von leib-
haftigen Beziehungen sein. Wenn ich nicht offen dafür
bin, das Gesicht Christi in denen zu sehen, denen ich Tag
für Tag begegne, mit all ihren Unvollkommenheiten, kann
ich dann wirklich sagen, dass Menschen auf der ganzen
Welt, die ich nur gelegentlich und wenn dann elektro-
nisch berühre, wirklich meine Freunde sind?

Philía und Eros

Nachdem wir die Weite der Freundschaft in Christus
untersucht haben, ist es an der Zeit, etwas über ihre
Tiefe zu sagen. Hier ist daran zu erinnern, dass das klassische Freundschaftsverständnis von Cicero dazu neigte,
Freundschaft auf wenige enge Beziehungen zu begren-
zen. Der Freund war ein *alter ego*, ein anderes Selbst: Wie
konnte solch eine Beziehung, die ein hohes Maß an per-

sönlichem Einsatz erforderte, über den kleinen Kreis hinaus ausgeweitet werden? Das Evangelium verkündet dagegen die Möglichkeit einer universalen Freundschaft in Christus. Setzt das voraus, dass besondere Freundschaften für die Christen nicht länger von Bedeutung sind, dass sie an zweiter Stelle stehen oder sogar verfemt sind, wie dies in einigen christlichen Lebenswelten manchmal der Fall gewesen ist?

Das überzeugendste Argument gegen eine solche Abwertung persönlicher Freundschaften unter Christen findet sich im Evangelium selbst. Unzählige Kommentare haben im Laufe der Jahrhunderte die Tatsache betont, dass Jesus unterschiedliche Beziehungen zu seinen Mitmenschen hatte. Ohne seine grenzenlose Liebe für jedes menschliche Wesen, mit dem er in Kontakt kam, infrage zu stellen, steht er mit einigen Männern und Frauen in einem besonderen Verhältnis. Von den Zwölfen nimmt er in besonders wichtigen Momenten Petrus, Jakobus und Johannes mit sich (vgl. Mt 17,1; Mk 5,37; 14,33) und im vierten Evangelium begegnen wir bei verschiedenen Gelegenheiten der Person des „geliebten Jüngers" (Joh 13,23; 19,26; 21,7.20; vgl. 18,15; 20,2), der mit dem Verfasser dieses Evangeliums identifiziert wird (vgl. Joh 21,24), dessen Identität aber geheimnisvoll bleibt.[60] Außerhalb seines Jüngerkreises hatte Jesus eine besondere Beziehung zu Lazarus aus Betanien und dessen Schwestern Maria und Martha (vgl. Joh 11,5), ganz zu schweigen von der geheimnisvollen Gestalt der Maria aus Magdala (vgl. Lk 8,2; Mk 16,9), die wir besonders am Fuße des Kreuzes und am leeren Grab antreffen. All dies scheint zu verdeutlichen, dass Freundschaft in Jesu Augen nicht bedeutet, sich jeder Person gegenüber gleich zu verhalten. Jedes menschliche Wesen ist einzigartig und somit ist auch jede Beziehung zwischen zwei Individuen einzigartig, solange ich den

anderen nicht als ein bloßes Objekt betrachte, das ein bestimmtes Bedürfnis in mir befriedigt (Martin Bubers „Ich-
Es"-Beziehung), sondern als ein Subjekt, das in sich selbst
liebenswürdig ist („Ich-Du"). Das Evangelium berück-
sichtigt diese Grundeigenschaft des Menschseins und ist
weit davon entfernt, sie zu verdrängen. In Christus sind
wir in der Tat dazu berufen, jeden als möglichen Freund
zu betrachten, angefangen bei dem, den ich mir nicht aus-
gesucht habe, der aber gerade vor mir steht und meine
Aufmerksamkeit beansprucht. Aber es wird nicht von
uns erwartet, uns jeder Person gegenüber gleich zu verhalten. Zwischen bestimmten Einzelpersonen entstehen
und wachsen, aus Gründen, die oft nicht zu begreifen
sind, tiefere Bindungen, eine Freundschaft, die für Gläubige eine besondere Bedeutung in ihrer Geschichte mit
Gott annehmen kann.

Was wir in Jesu eigenem Verhalten, in seinem Leben
hier auf Erden sehen können, setzte sich über die Jahrhunderte in zahllosen tiefen Freundschaften zwischen
Männern und Frauen fort, die ihr Leben in radikaler Weise Christus widmeten. Diese Freundschaften lenkten
nicht vom christlichen Leben ab, sondern waren ein Ausdruck davon und eine Stütze in der Nachfolge Jesu. Das
älteste Beispiel dafür im Neuen Testament ist ohne Zweifel die Freundschaft zwischen dem heiligen Paulus und
seinem Mitarbeiter Timotheus (vgl. Apg 16,1ff; 1 Kor 4,17;
Phil 2,19-23; 1 Thess 3,2; 1 und 2 Tim). Es ist richtig, dass
Paulus Bilder aus dem Bereich der Familie verwendet, um
diese Beziehung zu beschreiben („Vater, Sohn, Bruder"),
wohingegen wir eher von vertrauten Freunden sprechen
würden. Paulus und Timotheus bilden das erste von
unzähligen Freundschaftspaaren dieser Art, die in der
Geschichte des Christentums ihre Spuren hinterlassen
haben. Basilius von Cäsarea und Gregor von Nazianz,

Perpetua und Felicitas, Franz und Klara von Assisi, Martin Luther und Philip Melanchthon, Fenelon und Jeanne Guyon, John Henry Newman und Ambrose Saint John, Dietrich Bonhoeffer und Eberhard Bethge, Karol Wojtyla und Wanda Poltawska ... Die Liste ließe sich noch lange fortsetzen.[61]

Unter den verschiedenen Strängen christlicher Tradition war es das keltische Christentum, welches besonders auf den britischen Inseln und in Britannien verwurzelt war, das dieser Praxis einen anerkannten Ort gab. Die Kelten prägten sogar ein Wort dafür: *anamchara*, das mit „Seelenfreund/in" übersetzt werden kann. Diese Personen, ob Laien oder Kleriker, waren eine Art geistlicher Mentoren bzw. Mentorinnen; sie hatten Aufgaben geistlicher Begleitung, der Seelsorge inne und nahmen sogar das Sündenbekenntnis entgegen. Da keltisches Christentum vor allem auf monastische Gemeinschaften ausgerichtet war, waren solche Freundschaften ein bevorzugter Ort geistlicher Unterweisung: Jeder junge Mönch und jede junge Nonne wurden einem Bruder oder einer Schwester mit mehr Erfahrung zugeteilt, um ihre geistliche Entwicklung zu fördern. Dieses Konzept hatte auch einen weiteren Nutzen: Seelenfreundschaft konnte auf jede Art von Beziehung zwischen zwei Menschen verweisen, die zum Wachstum von Glauben, Weisheit und innerem Leben beitrug.[62]

In der Geschichte des Christentums gibt es nicht wenige geistliche Freundschaften zwischen einem Mann und einer Frau, die sich beide einem enthaltsamen Leben für Christus gewidmet haben. In unserer heutigen Welt, die von der Allgegenwart und Trivialisierung der Geschlechtlichkeit geprägt ist, kommen unvermeidlich Fragen bezüglich der Eigenart solcher Beziehungen auf; sogar gleichgeschlechtliche Freundschaften sind nicht von Argwohn befreit. So heißt es zum Beispiel in einem Brief des Paulinus von Nola, einem Zeitgenossen des heiligen Augustinus, an seinen lebenslangen Freund Sulpicius Severus:

„Welchen Verlust an Liebe und Gnade bedeuten mir ein unfreundlicher Vater, ein gleichgültiger Bruder oder ein undankbarer Freund, da mir alle Gefühle der Liebe, die ich mit diesen Namen, Angehörigen oder Bündnissen in Verbindung bringe, wie in deiner einen Person reichlich zurückerstattet werden? ... Wir hatten Brüder, Freunde, gute und bedeutende Nachbarn; aber der Herr hatte an uns in ihrer Umgebung keinen Gefallen. Er hat dich auserwählt, um dich uns als unzertrennlichen Bruder und überaus geliebten Nächsten zu geben, den wir verdientermaßen wie uns selbst lieben, weil wir in Christus mit dir ein Herz und eine Seele haben (vgl. Apg 4,32)" (Brief 11,4).[63]

Wenn wir das lesen, unterstellen wir da nicht schnell homoerotische Neigungen, trotz der Tatsache, dass der heilige Paulinus verheiratet war und später in Übereinstimmung mit seiner Ehefrau ein asketisches Leben führte? Und was ist mit den Worten, die von Jordan von Sachsen, dem Nachfolger des heiligen Dominikus als Oberhaupt des Predigerordens, an eine junge Frau, Diana von Andaló, geschrieben wurden:

„Du bist so sehr dem Innersten meines Herzens eingeprägt, dass ich dich umso weniger vergessen kann, vielmehr umso öfter deiner gedenke, als ich weiß, dass du mich ohne Verstellung liebst und mit der ganzen Glut deines Herzens. Denn deine Liebe, die du zu mir hegst, entzündet umso glühender meine Liebe zu dir und ergreift umso heftiger meinen Geist."[64]

Nehmen wir an, dass sie ein Liebespaar waren? Diana war aber eine Nonne in Klausur, die ihren Konvent nie verließ, und Jordan war ein Mann, der ständig durch Europa reiste, um seine Brüder im Dominikanerorden zu besuchen und nur wenige Male in seinem Leben mit ihr am gleichen Ort war.[65]

Im Bereich enger Freundschaften ist das Risiko des Anachronismus, die Anwendung moderner Kategorien auf eine der unseren völlig verschiedenen Welt, besonders groß. Damit will nicht gesagt sein, dass eine erotische Komponente in allen vertrauten Freundschaften fehlt. Wir können theoretisch zwischen *eros* und *philía*, romantischer Liebe oder Begierde und freundschaftlicher Liebe unterscheiden, aber in Wirklichkeit haben Menschen keine wasserdichten Abteilungen in ihrem Herzen, weshalb es nicht überrascht, dass sich auch ein Zusammenspiel zwischen beiden Komponenten ergibt. Das Problem, unsere Vorgänger zu verstehen, liegt nicht darin, dass sich die biologische und psychologische Verfassung der Menschen („menschlicher Natur") geändert hätte, sondern eher daran, dass wir in einem ganz anderen soziokulturellen Kontext leben. Es ist nahezu unmöglich zu erfassen, in welchem Ausmaß sich in vergangenen Jahrhunderten Menschen selbst definierten und von anderen als Teil einer klar strukturierten Gesellschaft definiert wurden. In der heutigen Welt jedoch sind zwischenmenschliche Beziehungen extrem unklar und unverbindlich. Die Vorstellung einer endgültigen Verpflichtung, einer Treue zu einem bestimmten Lebensweg, scheint oft ein Überbleibsel einer fast vergessenen Vergangenheit zu sein. Wie viele Menschen sind heutzutage wirklich davon überzeugt, dass eine Ehe unauflöslich ist? Zudem ist *eros*, das erhabene und alles durchdringende Verlangen, das sich in früheren Zeiten in der Sehnsucht nach Gott vollendete, zu einer bloß körperlichen Vereinigung abgeschwächt worden. Ob wir wollen oder nicht, wir sind alle in dem Sinne Freuds Kinder, dass wir anstatt mit dem Gipfel zu beginnen – in der Antike war *Eros* der Name eines Gottes[66] – und von dort aus nach unten zu klettern, auf dem Boden anfangen und, wenn wir können, versuchen nach oben zu kommen. Von den „Meistern des Verdachts"[67] beeinflusst, neigen wir dazu, die höheren Gefilde als bloße „Sublimierungen" eines hauptsächlich körperlichen, wenn nicht sogar unpersönlichen und mechanischen Triebs zu betrachten. Während unsere Vorfahren das biologische Geschlecht als trüben Schatten oder schwaches Echo einer viel größeren und besonderen Wirklichkeit ansahen, betrachten wir die „Libido" als das Wirkliche und Wahre und den Rest als Gerüst. Dieser soziokulturelle Kontext macht es äußerst problematisch, geistliche Freundschaften zu bilden, besonders zwischen einem Mann und einer Frau, in denen die *philía* im Mittelpunkt steht und tonangebend bleibt. Ein solches Bemühen ist wirklich ein Schwimmen gegen den Strom und erfordert deshalb viel mehr Urteilsvermögen, Selbstbeherrschung und Mut als in früheren Zeiten.

Gleichzeitig könnte die Wiederentdeckung der Möglichkeit einer solchen Freundschaft einen Weg zeigen aus der Frustration, die so viele empfinden, die sich – vielleicht, ohne es zu merken –, nach einem Weg sehnen, ihre angeborenen menschlichen Bedürfnisse mit ihrer Suche nach Erfüllung in Gott zu versöhnen. Jene, die den engen und schweren Weg wahrer geistlicher Freundschaft nehmen, merken, dass sie heutzutage auf Messers Schneide gehen, ständig gebeutelt von mächtigen Winden, die versuchen, *philía* auf die Karikatur eines *eros* zu reduzieren, die ihren Namen nicht wert ist. Diese Aufgabe ist, wie auch immer, äußerst bereichernd, nicht nur weil sie einen

Weg jenseits trauriger Seitenwege bloßer physischer Abhängigkeit aufzeigt, sondern aus einem viel positiveren Grund: Indem wir unser natürliches Bedürfnis zu lieben und geliebt zu werden nach und nach verwandeln, wird tiefe geistliche Freundschaft zu einem anderen Gleichnis der Gemeinschaft in Christus, ein Mikrokosmos der Kirche. „Wo zwei oder drei in meinem Namen versammelt sind, da bin ich mitten unter ihnen" (Mt 18,20), sagt Jesus. Lebendige christliche Gemeinschaften, in denen verheiratete Paare und zölibatär Lebende in tiefer Freundschaft Seite an Seite leben, könnten eine starke Gegenkultur bilden und Zeugnis geben von einer Tatsache, die für viele Zeitgenossen kaum noch zu glauben ist: dass klare Grenzen in Bezug auf den körperlichen Ausdruck von Liebe nicht davon abhalten, Glück und Erfüllung zu finden.

Diese ganze Dynamik wird vielleicht noch klarer, wenn wir sie von einer anderen Seite her betrachten. In der Mythologie unserer Zeit verstehen Menschen die Ehe als archetypisches Beispiel einer auf *eros* gründenden Beziehung; es wird damit als selbstverständlich hingenommen, dass jemand heiratet, weil er oder sie sich verliebt hat. Es ist verblüffend festzustellen, dass Thomas von Aquin im Fall der Beziehung zwischen Ehemann und Ehefrau von *maxima amicitia,* der größten Freundschaft[68], bzw. *amicitia intensa,* starker Freundschaft[69], spricht. Auch wenn körperliche Anziehung in den Präliminarien einer Ehe und im frühen Eheleben meistens eine Schlüsselrolle spielt, sollte klar sein, dass sie an sich nicht ausreicht, um einen lebenslangen Bund aufrechtzuerhalten. Wenn nicht nach und nach Freundschaft zwischen den Ehegatten heranwächst, steht ihre Treue in Gefahr, immer mehr zur Routine oder bloßen Pflicht zu werden – und wir wissen, wie wenig Kraft die Pflicht gerade in unseren Tagen hat, um menschliches Verhalten zu prägen. Findet sich nicht

das klarste Zeichen der Schönheit des menschlichen Daseins in älteren Paaren, die – nicht ohne Kämpfe und Kri-
sen – eine Familie gegründet und Kinder aufgezogen haben und nun eine gelassene und frohe Kameradschaft
entwickelt haben, die in hohem Maße den Namen Freundschaft verdient? Könnte Ehe zwischen Christgläubigen
nicht ein idealer Rahmen für die Integration von *eros* und
philía sein und dadurch die Vorstellung des heiligen Paulus erfüllen, dass das Paar ein Sakrament der Gemeinschaft in Christus ist (vgl. Eph 5,21-33)? Es scheint hier so,
dass der *eros* die *philía* in Anspruch nehmen muss, um die
agape zu bekunden.

FREUNDSCHAFT UND ÖKUMENISCHE BERUFUNG

Zu Beginn des 20. Jahrhunderts, nach einem langen
Zeitraum unaufhaltsamen Auseinanderfallens der
christlichen Gemeinschaft in verschiedene Bekenntnisse,
die einander feindlich gesinnt oder bestenfalls gleichgül-
tig waren, machte sich eine gegenläufige Bewegung be-
merkbar. Genährt von der biblischen und spirituellen Erneuerung der vorausgegangenen Jahrhunderte und dem
wachsenden missionarischen Bewusstsein vieler Kirchen,
die ihre Trennungen umso kontraproduktiver erscheinen
ließen, begannen Christgläubige zusammenzukommen,
um nach einer tieferen Einheit zu suchen, die mit ihrer
Identität und Sendung besser in Einklang stünde. Obwohl
die katholische Kirche zunächst aus der Sorge, das Geheimnis des Glaubens in seiner Ganzheit zu schützen, eine vorsichtige Einstellung wahrte, machte sie sich nach
und nach auf den Weg zu dem, was später als ökumenische Bewegung bezeichnet wurde. Das Zweite Vatikanische Konzil (1962–1965) gab dem die größtmögliche Billi-

gung. Heute gehört es zum normalen Bewusstsein der Großkirchen, dass der momentane Zustand der Trennung nicht zu akzeptieren ist und eine christliche Berufung nicht voll gelebt werden kann, solange die Vielfalt der anderen, die beanspruchen in der Nachfolge Christi zu stehen, zurückgewiesen oder ignoriert wird.

Es muss aber auch gesagt werden, dass trotz des weit verbreiteten Bewusstseins, dass die Spaltungen zwischen den Christen eine Schande sind, die sichtbare Einheit nicht näher scheint als früher. Der ursprüngliche ökumenische Impuls hatte zwei Dimensionen: theologische Forschung (Glaube und Kirchenverfassung) und Zusammenarbeit in praktischen Fragen (praktisches Christentum). Es ist unschwer zu erkennen, dass in beiden Bereichen ein bedeutender Fortschritt erreicht wurde. Ernst zu nehmende theologische Arbeit, oft auf höchstem Niveau, klärte dogmatische Unterschiede und suchte nach Wegen, darüber hinauszugehen; gemeinsame Initiativen von Christen unterschiedlicher Herkunft in Bereichen der Friedensarbeit, im Kampf gegen Ausgrenzung und die Unterstützung von Menschen in Schwierigkeiten ist zu einer Selbstverständlichkeit geworden. Und doch ist das Ziel ökumenischen Strebens, „eins zu sein, damit die Welt glaube", leider noch immer nicht erreicht worden.

In den letzten Jahren hat eine besondere Dimension ökumenischer Berufung immer größere Aufmerksamkeit bekommen. Sie ist im Allgemeinen als „geistliche Ökumene" bekannt; eine Bezeichnung, die irreführend wäre, wenn damit gesagt sein sollte, dass das Ziel nicht in einer sichtbaren Einheit, sondern einer bloßen Haltung der Toleranz und Akzeptanz anderer läge. Das Wort „geistlich" bezieht sich nicht auf die Form der ersehnten Einheit, sondern auf die Mittel, diese Einheit erreichen zu können. Theologische Überlegung und Zusammenarbeit an sich erreichen, wie wichtig sie auch immer sein mögen, in praktischen Dingen nicht den Kern dessen, was es heißt, in der Nachfolge Christi zu stehen. Der Weg zur Einheit in Christus braucht als Wurzel eine Vertiefung des geistlichen Lebens der Gläubigen, persönlich und kollektiv. So drückt es das Ökumenismusdekret des Zweiten Vatikanischen Konzils aus:

Die „Bekehrung des Herzens und die Heiligkeit des Lebens ist in Verbindung mit dem privaten und öffentlichen Gebet für die Einheit der Christen als die Seele der ganzen ökumenischen Bewegung anzusehen; sie kann mit Recht geistlicher Ökumenismus genannt werden" (Dekret *Unitatis Redintegratio*, Nr. 8).

Die Grundeinsicht ist recht einfach: Wenn die getrennten Nachfolger Christi für eine Gemeinschaft untereinander arbeiten wollen, müssen sie selbst zu Menschen werden, die in Gemeinschaft mit Gott und ihren Nächsten stehen. Intellektuelle Erkenntnis und institutionelle Veränderungen führen, wie wichtig sie auch sein mögen, niemals zur Einheit, solange die Herzen der Gläubigen nicht verwandelt worden sind vom Ruf des Evangeliums, Gottes allumfassende Liebe zu einer Lebenswirklichkeit zu machen.

In Bezug auf unser Thema bedeutet dies, dass Freundschaft über konfessionelle Grenzen hinaus ein besonders geeignetes Mittel ist, die christliche Einheit herbeizuführen. Wir müssen – so gut wir können – so leben, als sei die Kirche bereits ein weltweites Netzwerk von Freunden, das sich nicht auf konfessionelle Zugehörigkeit beschränkt. Um wachsen zu können, braucht Freundschaft in Christus nicht auf völlige Übereinstimmung auf dogmatischer Ebene zu warten: Sie kann diese Übereinstimmung sogar beschleunigen. Wenn jene, die den Glauben gemeinsam reflektieren, bereits durch Freundschaft verbunden sind, nehmen die Diskussionen weniger den Charakter von Debatten an, bei denen sich jeder verpflichtet fühlt, die jeweilige Perspektive der eigenen „Gruppe" mit Engagement zu verteidigen. Vielmehr werden sie zu einer gemeinsamen Suche nach dem, was sie hinter den vielfältigen Denkansätzen und Akzentuierungen im Wesentlichen verbindet. Ich glaube, man kann sagen, dass jedes Mal, wenn es dogmatische Fortschritte zwischen Theologen und der Kirchenleitung gab, der Grund dafür in einer gemeinsamen Freundschaft lag, die ihre Diskussionen tiefer und fruchtbarer gemacht hat.

Der vom Päpstlichen Rat zur Förderung der Einheit der Christen veröffentlichte *Wegweiser Ökumene und Spiritualität* erwähnt das Thema Freundschaft an verschiedenen Stellen. Im Kapitel über Pfarreien und Ortsgemeinden wird erklärt: „Überall dort, wo Christen zusammen leben oder arbeiten, können sie darin bestärkt werden, sich in ihrer Nachbarschaft zu treffen und im Alltag freundschaftliche Beziehungen zu vertiefen, insbesondere unter Familien" (S. 66). Und in Bezug auf die Seelsorger steht dort geschrieben, dass „ein freundschaftliches und geschwisterliches Verhältnis zwischen Seelsorgerinnen und Seelsorgern verschiedener Traditionen ... Grundvoraussetzung [dazu ist], um eine Spiritualität der Gemeinschaft zu fördern" (S. 76). Zuletzt wird darauf verwiesen, dass monastische Gemeinschaften (und ebenso andere religiöse Gemeinschaften und Bewegungen) „Christen aus unterschiedlichen Traditionen Gastfreundschaft bieten und sie zu einer geistlichen Familie zusammenführen [können], die über die Grenzen des Klosters hinausreicht und ein Klima für Freundschaft und ökumenischen Austausch schafft" (S. 72).

Dabei ist es notwendig einzusehen, dass all diese Vorschläge nicht zweitrangig sind, als sei die „richtige Arbeit" für die Einheit ausschließlich Theologen oder Institutionen vorbehalten. Der Gründer von Taizé sah immer mehr ein, dass Versöhnung eine Wirklichkeit des Evangeliums ist, die nicht auf morgen verschoben werden kann:

„Lichtvolle ökumenische Berufung ist es und wird es immer sein, eine Versöhnung ohne Aufschub zu verwirklichen. Dem Evangelium nach wartet die Versöhnung nicht: ‚Wenn du deine Opfergabe zum Altar bringst, und dein Bruder etwas gegen dich hat, so lass sie liegen, geh und versöhne dich zuerst …' (Mt 5,23f). Geh zuerst! und nicht: Verschieb es auf später! Der Ökumenismus nährt eitle Hoffnungen, wenn er die Versöhnung auf später verschiebt. Er fährt sich fest, ja erstarrt, wenn er zulässt, dass parallele Wege entstehen, auf denen die frischen Kräfte des Verzeihens sich verschleißen."[70]

Solange der Ruf des Evangeliums zur Versöhnung auf einen Tätigkeitsbereich bestimmter Institutionen, auf eine Aufgabe für Experten reduziert wird, wird seine wahre Bedeutung und Bestimmung hintergangen.

Liegt jenseits aller Illusionen und Enttäuschungen ökumenischen Strebens nicht ein hier und jetzt praktikabler und ergiebiger Weg vor uns, um Jesu Ruf nach einer Wiederherstellung der Einheit zu erwidern? Obwohl wir theologische Meinungsverschiedenheiten oder strukturelle Hindernisse einer sichtbaren Einheit nicht sofort beseitigen können, ist es möglich, augenblicklich damit zu beginnen, die Wirklichkeit der Kirche als ein universales Netzwerk von Freunden in Christus zu leben. Im Aufbau geistlicher Freundschaften, die konfessionelle Grenzen überschreitet – im intensiven Gebet verwurzelt, ein Wechsel der Perspektive, durch den wir Vorurteile hinter uns lassen und im Glauben an Christus wachsen können – lassen wir bereits, unvollkommen, aber wahrhaft, etwas vom *res et sacramentum* des Leibes Christi sichtbar werden. Frère Roger war überzeugt, dass dieser erneuerte Geist der Eintracht nicht umhin kann, sich auf die erste Ebene auszuwirken, und die kirchlichen Strukturen und Institutionen nötigt, die tiefste Identität der Kirche als eine universale, im gekreuzigten und auferstandenen Herrn verwurzelte Gemeinschaft, immer mehr widerzuspiegeln.

Sich mit allen anfreunden

Dieses Kapitel endet mit einem Thema, das heutzutage immer wichtiger geworden ist: der Koexistenz verschiedener Gruppen mit unterschiedlichen oder überhaupt keinen religiösen Praktiken und Überzeugungen in ein und demselben geografischen Raum.

In der Vergangenheit kamen verschiedene Religionen in unterschiedlichen Teilen der Welt auf und schienen untrennbar mit der Gesellschaft, in der sie entstanden waren, verbunden zu sein. Heute wohnen Menschen unterschiedlicher Herkunft in hohem Maße Seite an Seite, sodass andere Religionen nicht länger als „exotisch" wahrgenommen werden. Zudem lebt im Westen eine große Zahl Menschen ohne ausdrücklichen Bezug zu ihren christlichen oder jüdischen Wurzeln, meistens in Unkenntnis darüber, wie tief ihr eigenes soziokulturelles Universum davon geprägt ist. In solch einer pluralistischen Welt fragen sich viele Christen, welche Haltung sie diesbezüglich einnehmen sollen.

Zwei verschiedene, von Gläubigen unternommene Aktivitäten rücken diese Frage in den Vordergrund. Christen fühlten sich bereits sehr früh dazu berufen, dem „großen Auftrag" Jesu zu gehorchen, „zu allen Völkern zu gehen und alle Menschen zu Jüngern zu machen" (Mt 28,19). Diese Worte fassen die missionarische Perspektive der Kirche zusammen und haben über die Jahrhunderte eine enorme Anzahl von Menschen dazu bewegt, ihre Heimat zu verlassen, um das Evangelium in andere Gesellschaften und Kulturen zu tragen. Heute sind wir uns, manchmal sogar übermäßig, der Grenzen dieses Unternehmens bewusst; wir wissen, dass in vielen Fällen, zusammen mit der Botschaft Jesu, andere Werte und Praktiken verbreitet wurden, die weniger mit der Botschaft als mit den Erfordernissen eines expandierenden Europas zu tun hatten. Doch obwohl die Mittel und Wege der Mission ein Umdenken erforderten und es auch schon viele Änderungen gegeben hat, kann man die grundlegend weltoffene Stoßkraft der christlichen Botschaft nicht leugnen, ohne gleichzeitig das Evangelium selbst infrage zu stellen.

Andererseits hat die zunehmende Globalisierung den Wunsch nach gegenseitigem Verständnis und friedvollem Zusammenleben angeregt. Dies hat zu dem geführt, was heute interreligiöser Dialog genannt wird und mit dessen Hilfe Christen, Buddhisten, Juden, Muslime, Hindus und andere zusammenkommen, um eine gleichberechtigte Basis zu teilen. Auch wenn ein solcher Dialog viele verschiedene Facetten hat[71], besteht seine Grundvoraussetzung darin, dass alle Teilnehmer ohne Hintergedanken verhandeln. Es ist nicht ihre Aufgabe, andere davon zu überzeugen, dass sie recht haben und ihre eigenen Vorstellungen die einzigen und besten sind, sondern zuzuhören, zu lernen und zu teilen. Das bedeutet natürlich nicht, dass sie ihre eigenen Überzeugungen leugnen oder ausklammern sollten, da sonst jeglicher Dialog unmöglich würde. Jedoch erfordert ein solcher Dialog die Bereitschaft, die Wirklichkeit einmal aus einer anderen Perspektive zu betrachten, einen imaginären Sprung zu machen, um einen ganz und gar anderen Standpunkt einzunehmen.

Aus diesen beiden Bemühungen kommen unvermeidlich Fragen auf: Sollen Christen ihre Mission, die Frohe Botschaft zu verbreiten, aufgeben, um bessere Beziehungen mit anderen aufzubauen? Oder umgekehrt gefragt: Sollen sie auf den Dialog verzichten bzw. ihn als bloßen Vorwand nehmen, um ihre eigene Wahrheit zu predigen? Oder sind sie dazu verurteilt, mit einer Art geteiltem Gewissen zu leben, indem sie zwei scheinbar widersprüchliche Anstrengungen unternehmen, ohne sich darum zu sorgen, wie diese zusammenpassen?

Es ist zu hoffen, dass jene, die den Überlegungen dieses Buches gefolgt sind, nun verstehen, wie die hier dargebotene Vorstellung einen Weg aus diesem scheinbaren Dilemma aufzeigt. Die wesentliche Botschaft, die die Kirche Jesu Christi verkünden und mitteilen möchte, die sie nicht leugnen kann, ohne sich selbst aufzugeben, ist die einer universalen Gemeinschaft in Gott. Mehr noch: Sie wurde zu einem Freundschaftsangebot für alle. Christen erfüllen ihre Berufung also am besten, wenn sie um ihres Glaubens willen versuchen, sich mit Menschen verschiedenster Herkunft anzufreunden. Und Freundschaft ist naturgemäß nicht eigennützig, sie ist kein Mittel zum Zweck, sondern vielmehr ein Selbstzweck.

Egal ob sie im interreligiösen Dialog aktiv sind oder nicht, Christen sind dazu berufen, die gleiche Grundeinstellung der Uneigennützigkeit zu zeigen. „Umsonst habt ihr empfangen", sagte Jesus, „umsonst sollt ihr geben" (Mt 10,8). Sie sind keine Vertreter politischer Parteien, die

Anhänger für ihre Sache gewinnen wollen oder Verkäufer, die versuchen, potenzielle Kunden davon zu überzeugen, dass ihr Produkt das Beste ist. Sie haben vielmehr ein unverdientes und unbezahlbares Geschenk empfangen: die Frohe Botschaft, dass Gott in Jesus Christus alle von der Menschheit errichteten Hindernisse, die von einer vollen Teilhabe am göttlichen Leben abhielten, beseitigt hat, sodass die Schranken zwischen den Menschen nicht mehr von Bedeutung sind (vgl. Gal 3,28). Sie bezeugen diese Gute Nachricht vor allem dadurch, dass sie versuchen, sich mit allen anzufreunden, und ihre Hand auch zu denen ausstrecken, die ihre Freundschaft ablehnen.

Dies bedeutet, dass Gläubige, um ihren Glauben am besten bezeugen zu können, ständig ihre eigenen Beweggründe hinterfragen müssen. Geht es ihnen in erster Linie um das Teilen der Frohen Botschaft? Sind sie in ihren Worten und umso mehr durch ihre Lebensweise, davon überzeugt, dass ihre Botschaft die innere Anziehungskraft besitzt, die langfristig nur dadurch getrübt werden kann, dass man sie mit menschlichen Überzeugungsmethoden paart? Haben sie aus ihren Herzen alle Gefühle der Überlegenheit entfernt, in Erinnerung daran, dass sie den Schatz des Evangeliums in zerbrechlichen Gefäßen tragen (vgl. 2 Kor 4,7)? Sehen sie ein, dass sie, indem sie anderen, sogar jenen, mit denen sie offensichtlich nichts gemeinsam haben, zuhören, lernen, ihren eigenen Glauben zu vertiefen und Christus, den sie verkünden und für den zu leben sie beanspruchen, besser zu verstehen?

Am 12. März 2000 feierte die katholische Kirche, aus Gehorsam gegenüber der festen Überzeugung Papst Johannes Paul II., auf höchster Ebene einen bewegenden Bußgottesdienst, in dem um Vergebung für die Vergehen der Kirche im Laufe der Jahrhunderte gebeten wurde. Die erste dieser Sünden wurde vom damaligen Kardinal Ratzinger angesprochen:

> „Lass jeden von uns zur Einsicht gelangen, dass auch Menschen der Kirche im Namen des Glaubens und der Moral in ihrem notwendigen Einsatz zum Schutz der Wahrheit mitunter auf Methoden zurückgegriffen haben, die dem Evangelium nicht entsprechen."

Papst Johannes Paul II. fuhr fort:

> „Herr, du bist der Gott aller Menschen. In manchen Zeiten der Geschichte haben die Christen bisweilen Methoden der Intoleranz zugelassen. Indem sie dem großen Gebot der Liebe nicht folgten, haben sie das Antlitz der Kirche, deiner Braut, entstellt. Erbarme dich deiner sündigen Kinder und nimm unseren Vorsatz an, der Wahrheit in der Milde der Liebe zu dienen und sich dabei bewusst zu bleiben, dass sich die Wahrheit nur mit der Kraft der Wahrheit selbst durchsetzt. Darum bitten wir durch Christus unseren Herrn."[72]

Dieses Bewusstsein muss im Leben der christlichen Kirchen noch Früchte tragen. Es schließt prinzipiell alle Mittel zur Verbreitung des Evangeliums aus, die nicht der *caritas*, uneigennütziger Liebe, entspringen oder nicht mit *amicitia*, Freundschaft, vereinbar sind. Alle Formen physischen, ökonomischen oder psychologischen Zwangs stehen ganz im Gegensatz zu den Ansprüchen der Freundschaft und haben somit keinen Platz in der Mission der Nachfolger Jesu. Solche Taktiken schaden ihrer eigentlichen Arbeit, da sie ein falsches Bild christlichen Glaubens vermitteln. Man kann sich nur in der Fantasie ausmalen, wie anders unsere Welt aussähe, wenn Christen immer an der Überzeugung festgehalten hätten, dass das Ziel, weit davon entfernt die verwendeten Mittel zu rechtfertigen, nur in voller Übereinstimmung mit der Bildung von freundschaftlichen Banden erreicht werden kann.

Wir müssen aber auch festhalten, dass diese Perspektive nicht erst eine moderne Errungenschaft ist. Im späten 16. Jahrhundert praktizierten der italienische Jesuitenmissionar Matteo Ricci (1552–1610) und seine Gefährten eine frühe Form dessen, was heute Inkulturation genannt wird. Als sie das Evangelium nach China brachten, waren diese Jesuiten bestrebt, sich die Sprache des Landes und die chinesischen Bräuche anzueignen, kleideten und benahmen sich wie chinesische Gelehrte und teilten ihr Wissen besonders im mathematischen und naturwissenschaftlichen Bereich. Ricci versuchte, den Chinesen die christlichen Glaubenssätze nicht als neue Religion darzulegen, sondern als Lehre, die auf den Glaubenssätzen des Konfuzius aufbaut. Auch wenn wir ein bewusst strategisches Element in diesem Missionsansatz nicht leugnen können, gab es dennoch eine klare Wahrnehmung der Unterscheidung zwischen westlicher Zivilisation und ihren Werten und der Wahrheit des Evangeliums. Dementsprechend haben diese Missionare versucht, Berührungspunkte oder sogar Übereinstimmungen mit der traditionellen chinesischen Philosophie zu finden. Dieses Bemühen hatte keine weitreichenden Konsequenzen, da es, um Erfolg haben zu können, seiner Zeit allzu weit voraus war. Es bleibt jedoch ein beredtes Zeugnis der universalen Dimension, die dem christlichen Glauben innewohnt.

„Für Ricci war darüber hinaus Freundschaft ein hoher Wert. Er predigte nicht distanziert. Sich mit anderen anzufreunden war für ihn Ausdruck des Glaubens, verbunden mit der Bereitschaft, die Hoffnung darzulegen, die ihn bewegte, ohne den eigenen Standpunkt aufzudrängen. Er hatte ein offenes Haus. Oft empfing er täglich so viele Besuche, dass er Arbeit, Gebet und manchmal sogar die Mahlzeiten in die Nachtstunden verlegen musste."[73] Interessanterweise war dieses Bestehen auf Freundschaft der einzige Weg, durch den ein Fremder Eingang in die in hohem Maße strukturierte konfuzianische Gesellschaft finden konnte; es war vielleicht die einzige Beziehungsform, die in den strengen Kategorien jener Welt angenommen wurde. Passenderweise trug das erste Buch, das Matteo Ricci in Chinesisch schrieb und in China veröffentlichte – das erste Buch, das dort jemals von einem „Abendländer" veröffentlicht worden war –, den Titel *Ein Traktat über die Freundschaft* und setzte sich aus 100 Lebensweisheiten zusammen, die er der klassischen westlichen Tradition entnommen hatte. Es scheint von chinesischen Gelehrten hoch geschätzt worden zu sein und die Erinnerungen an Ricci sind im heutigen China immer noch positiv.

Zeitlich näher steht uns der bereits erwähnte frühere französische Soldat und Forscher Charles de Foucauld (1858–1916), der auf den Spuren Christi ein Leben des Gebets und demütigen Zeugnisses unter den Nomaden in der Wüste Sahara führte. Sein Beispiel ließ nach seinem Tod einige geistliche Familien in der Kirche entstehen, die über die ganze Welt verbreitet sind und sich bemühen, die Grundlagen seiner Lebensweise zu praktizieren. Die Kleinen Schwestern und Kleinen Brüder Jesu und des Evangeliums leben in kleinen Gemeinschaften an Orten der Armut und Vereinsamung, nicht um einen besonderen Dienst oder eine Form von sozialer Arbeit vorzunehmen, sondern um als Zeugen Christi durch Gebet und Solidarität unter den Vergessenen gegenwärtig zu sein. Schwester Madeleine, die Gründerin der Kleinen Schwestern Jesu, schrieb im Jahr 1945 an ihre Schwestern:

„So wie Jesus in seinem irdischen Leben, werde allen alles: Araberin unter Arabern, Nomade unter Nomaden, Arbeiterin unter Arbeitern. Vor allem aber Mensch unter Menschen. … Wie Jesus zu den Menschen gehört, gehörst auch du zu ihnen. Wisse dich zugehörig zu den Menschen, mit denen du lebst, verwachse mit ihnen. Dring in dein Milieu ein und heilige es. Schenke dein Leben restlos her, schenke ihnen deine Freundschaft, deine Liebe, gleiche dich ihrer Lebensweise an. Mach es so wie Jesus, der kam, um allen zu dienen. Trachte danach, mit ,allen eins zu werden', weil du unter den Menschen leben willst, wie der Sauerteig im Evangelium."[74]

Kein Wunder, dass ihre Lebensweise im Wesentlichen eine der Freundschaft ist:

„Wenn menschliche Freundschaft lauter und gerade ist, ist sie zu schön, um zerstört oder geschwächt zu werden. Verwandelt oder geläutert wird sie wachsen in der Liebe Christi, der uns in seiner Menschheit die Freundschaft in ihrer ganzen Schönheit und Tiefe gezeigt hat. Um seinetwillen soll mehr und mehr ein großes Verlangen nach Freundschaft mit allen Menschen in dir wachsen: das Verlangen, auf sie zuzugehen, ihnen zu begegnen, sie deine Liebe spüren zu lassen – ohne Nebenabsicht, ohne etwas davon zu erwarten, weder Dankbarkeit noch Erfolg, nicht einmal apostolische Erfolge."[75]

Menschlich gesehen, kann ein solches Streben nach einfacher Freundschaft mit allen, besonders denen, die aufgrund von Armut, Diskriminierung oder anderen Gründen aus der Gesellschaft ausgeschlossen sind, sinnlos oder utopisch erscheinen. Es führt fast nie zu messbaren „Ergebnissen". Aber wenn das Wesentliche der christlichen Botschaft im Bezeugen einer neuen Beziehung zur Quelle allen Seins besteht, die im Dasein der einen Menschheitsfamilie konkret Gestalt annimmt, dann macht dieses Bemühen deutlich, worum es geht. Es zeigt klar, dass es dem Christentum nicht darum geht, auf dem religiösen Marktplatz der Welt nach Anhängern zu suchen. Es ist vielmehr ein Ausdruck dafür, dass „das Törichte an Gott weiser ist als die Menschen und das Schwache an Gott stärker als die Menschen" (1 Kor 1,25).

Fazit:
Ein abschließendes Gleichnis

Es gibt Ereignisse, die überraschenderweise die verborgene und eigentliche Bedeutung der Dinge, an die wir glauben, und des Lebens, das wir leben, offenbaren. Dann wird der Schleier für ein paar Sekunden gelüftet, wie Frère Roger es ausgedrückt hätte.

Am 16. August 2005 waren in der Kirche der Versöhnung in Taizé abends mehr als 3000 junge Menschen zum Gebet versammelt. Während der Eröffnungslieder setzte eine krankhafte Tat dem Leben des Gründers von Taizé, der drei Monate zuvor seinen 90. Geburtstag gefeiert hatte, ein Ende.

In jenem Augenblick erschien das erste Zeichen: Nach einem Moment der Verwirrung und Panik nahm einer der Brüder ein Mikrofon und begann *Laudate omnes gentes* zu singen. Sofort setzte Ruhe ein. Die Liturgie ging weiter wie jeden Abend, auch als Frère Rogers Körper, dem Tode nahe, aus der Kirche getragen wurde. Von da an verharrte der Hügel von Taizé im Frieden. Kann dies nicht als Hinweis verstanden werden, dass das durch den Geist Gottes beseelte Leben stärker ist als der Tod, Loblieder mächtiger als Schreie des Hasses und der Furcht?

Das wichtigste Zeichen wurde jedoch erst in den Tagen nach dem Tod Frère Rogers bis zu seinem Begräbnis eine Woche später offenkundig. Dank der modernen Kommunikationsmittel, insbesondere der Handys jener, die in der Kirche anwesend waren, ging die Nachricht in ein paar Sekunden um die ganze Welt. Bereits am nächsten Morgen kam eine Menschenmenge aus allen Himmelsrichtungen, aus Europa und sogar von noch weiter her auf dem Hügel an. Einige blieben längere Zeit, die meisten verbrachten aber nur wenige Stunden auf dem Hügel, gerade lange genug, um im stillen Gebet neben dem verstorbenen Gründer von Taizé zu verharren, der nachmittags in der Kirche aufgebahrt wurde.

Ungefähr 15000 Personen waren am 23. August neben vielen Kirchenoberhäuptern und anderen Würdenträgern zur Beerdigung und einer Eucharistiefeier mit Kardinal Walter Kasper vom Päpstlichen Rat zur Förderung der Einheit der Christen nach Taizé gekommen. Zahllose Menschen riefen an oder schickten Briefe oder E-Mails. Alle drückten das Bedürfnis aus, mit der Feier des Geschenks des Lebens von Frère Roger verbunden zu sein, auch wenn sie selbst nicht anwesend sein konnten. Was bei diesen Besuchern und Nachrichten auffiel, war, neben ihrer Zahl, die große Vielfalt der verschiedenen Gesten der Anteilnahme: Sie stammten von Menschen aller christlichen Traditionen und darüber hinaus von Männern und Frauen aller Nationalitäten, unterschiedlichen Alters und sozialen Status. Darunter sehr viele junge Menschen. In dieser Zusammenkunft ging gleichzeitig, real und virtuell, ein Rabbiner aus Jerusalem mit einem orthodoxen Bischof aus Rumänien sozusagen Arm in Arm, eine palästinensische Familie aus Bethlehem und Schüler aus Berlin saßen neben einem Kirchenoberhaupt aus Bangladesh und einigen jungen Serben, eine ältere Frau aus Cluny, in der Nähe von Taizé, sang zusammen mit dem Prior der Grande Chartreuse, einige Pfarrer aus Genf mit einem jungen Muslim aus Nordafrika.[76] Was diese Menschen bewegte, waren nicht formelle Beileidsbekundungen oder Rührseligkeiten, sie waren offensichtlich von dem plötzlichen Tod berührt und hatten das Bedürfnis, ihrer Gemeinschaft konkret Ausdruck zu verleihen, wenn auch nur mit einer Karte oder einem

Brief. Wie kann man sich sonst erklären, dass ein Paar aus Süditalien, sofort nachdem es von dem Ereignis erfahren hatte, ins Auto stieg und nach 25 Jahren zum ersten Mal wieder nach Taizé fuhr, um einfach einen Abend im Gebet zu verbringen, bevor es wieder die zwölfstündige Heimreise antrat?

Ein solcher Ausdruck der Solidarität ist natürlich nicht einzigartig. Es ist nicht beispiellos, dass der Tod eines geistlichen Führers, besonders wenn dabei Gewalt im Spiel ist, in vielen den Wunsch nach Anteilnahme aufkommen lässt: Die Namen Johannes Paul II., Martin Luther King und Mahatma Gandhi kommen einem dabei sofort in den Sinn. Frère Rogers Tod unterschied sich von ihrem Tod wahrscheinlich nur in der Menge der betroffenen Personen und dadurch, dass er weder ein Kirchenoberhaupt war, noch an der Spitze einer Befreiungsbewegung stand. Haben wir uns schon einmal intensiv mit der Bedeutung solcher „Phänomene" befasst? Auf der menschlichen Ebene stellen sie die individualistische Mentalität infrage, die heutzutage besonders im Westen weit verbreitet ist. Die Tatsache, dass uns der Tod eines Menschen, der so weit weg ist, derart tief berührt, zeigt, dass die Bande zwischen Menschen genauso stark, wenn nicht viel stärker und realer sind als die Mauern, die wir bauen, um unsere vermeintliche Eigenständigkeit zu bewahren und unser sogenanntes „Selbst" zu schützen. Seien wir vorsichtig damit, diese Anteilnahme als „primitiven" Ausdruck eines Massenphänomens zu deuten: Die Menschen, die an Frère Rogers Tod Anteil nahmen, wurden dazu ganz gewiss nicht durch eine Art Massenhysterie veranlasst. Im Gegenteil: Die Reaktionen waren äußerst persönlich und diskret. Die meisten hätten sich nicht vorstellen können, dass so viele andere genauso fühlten. Erst einige Zeit später erkannten sie, dass sie Teil einer riesigen spontanen Bewegung waren. Diese jungen und weniger jungen Menschen erlebten eine enge Verbundenheit, man könnte fast sagen eine persönliche Beziehung zu Frère Roger, auch wenn sie ihn nicht persönlich kannten.

Mit den Augen des Glaubens betrachtet erscheinen dieser Tod und seine Nachwirkungen als eine Art Gleichnis für das, wonach der Gründer von Taizé sein Leben lang suchte. Es war, als ob das Ableben eines Menschen für einen Moment ein weltweites Netzwerk der Freundschaft und Gemeinschaft greifbar machte, ein Bild jener ungeteilten Kirche, für die Frère Roger kämpfte und für die er sein Leben gab. Für ein paar Tage konnten wir spüren, dass dieses Gewebe von Gemeinschaft, der Gegenstand unseres Glaubens, wirklich existiert und nicht bloß eine Utopie ist. Gleichzeitig wurde deutlich, dass dies nicht aus menschlicher Berechnung entstand. Durch die Hingabe seines Lebens handelte Frère Roger eher als ein „Beschleuniger", der die von Gott geschaffenen gemeinschaftlichen Bindungen förderte und sichtbar machte. Die Tausenden von Menschen, die sich um ihn versammelten, waren nicht seine persönlichen Freunde, sondern Freunde Gottes, die sich selbst in Frère Roger erkannten. Die Gnade seines Todes lag darin, dass für einen Moment das eigentlich Unsichtbare sichtbar wurde – das Wirken des Heiligen Geistes, der die Menschen im Hier und Jetzt zusammenführt. Wie den Jüngern auf dem Berg der Verklärung wurde uns gewährt, wie erstaunte Zeugen mit unseren menschlichen Augen eine Wirklichkeit des Glaubens zu betrachten. Wir wurden befähigt zu erkennen, wie das Geheimnis der Kirche Wirklichkeit wurde, und somit sozusagen Zeugen ihres Entstehens von Gott her. So konnten wir erfassen, dass die Kirche im eigentlichen Sinne eins ist, dass ihre Einheit ein Geschenk ist und durch die ihr von den Menschen zugefügten Wunden der Spaltung nicht zerstört werden kann.

Dieser vorläufige Ausdruck einer verborgenen Gemeinschaft, welche an die „große Schar" erinnert, von der der Seher aus Patmos spricht (vgl. Offb 7,9), ist nicht nur eine Offenbarung, sondern auch eine Herausforderung, der zu begegnen, und eine Aufgabe, die zu erfüllen ist. Blickt man im Vergleich dazu auf die empirische Situation unserer Kirchen, zeigt sich, dass sie unter der Last ihrer Widersprüche und manchmal auch ihrer Skandale schwer zu tragen haben, dass sie durch Spaltungen unterminiert werden und sich – zumindest in einigen Ländern – auf dem Weg befinden, ein „winziger Überrest" der Alten zu werden. Angesichts dieses Grabens, dieser Diskrepanz kommt die starke Versuchung auf, das eine gegen das andere auszuspielen. Manche Menschen bestehen darauf, solche Ausdrucksformen universaler Freundschaft in Christus für untauglich zu erklären, indem sie diese als oberflächliche, bedeutungslose Phänomene interpretieren, die sich weitgehend psychologisch oder soziologisch erklären lassen. Auf der anderen Seite gibt es in einer Gesellschaft, in der alle Verpflichtungen und Verbindlichkeiten immer mehr als unerträgliche Einschränkungen empfunden werden, viele Menschen, die den sogenannten „institutionellen Kirchen" wenig Bedeutung beimessen und in ihnen eher ein Hindernis denn eine Hilfe sehen, um nach dem Evangelium Christi zu leben.

Diese Neigung, das Leben von den Strukturen, die es ordnen und stützen, zu trennen, ist verheerend. Wäre sie erfolgreich, würde sie Jesu eigenen Auftrag diskreditieren und seine Menschwerdung Lügen strafen. Es würde sich eine schädliche Entfremdung zwischen dem Wirken des Geistes im „Heute Gottes" einerseits und im Fortgang der Menschheitsgeschichte andererseits herausbilden. Wir hätten dann einerseits „Windstöße", kurzlebige Impulse, und andererseits ausgetrocknete Gebeine, bloße Denkmäler der Vergangenheit. Deshalb muss der Kreis dringend geschlossen und alles dafür getan werden, um die reale, aber oft verborgene Gemeinschaft mit Gott und zwischen den Menschen zu befähigen, immer mehr mit jener sichtbaren Zusammenkunft der Gläubigen übereinzustimmen, die sich in Raum und Zeit erstreckt und die wir Kirche nennen. Wo sonst kann der Lebensatem seinen natürlichen Ort finden, wenn nicht in einem lebendigen Körper?

Hier auf Erden werden die sichtbare Kirche und das Wirken des Heiligen Geistes in den Herzen der Menschen natürlich nie völlig übereinstimmen. Schon vor 1500 Jahren sah der heilige Augustinus, dass im Hinblick auf die sichtbare Gemeinschaft der Kirche „viele, die scheinbar draußen sind, drinnen sind" und „viele, die anscheinend drinnen sind, draußen sind", da eben „der Herr die Seinen kennt" (2 Tim 2,19).[77] In jüngerer Zeit haben sich Menschen dieser Tatsache bedient, um zwischen der sichtbaren Kirche, in der Unkraut und Weizen untrennbar vermischt sind, und der unsichtbaren Kirche, die allein Gott kennt, zu unterscheiden. Jene, die diesen Gedankengang in die Extreme geführt haben, neigten dazu, Einheit in Christus als spirituelle Gemeinschaft zwischen wahren Christen aller Konfessionen zu betrachten, was oft dazu führte, dass die Bedeutung einer sichtbaren Einheit heruntergespielt wurde. In den vergangenen Jahrhunderten empfanden selbst die Anhänger einer unsichtbaren Einheit das Bedürfnis, am Leben einer bestimmten Glaubensgemeinschaft teilzuhaben. Für ihre Nachfolger heute scheint dies immer weniger der Fall zu sein.

Machen wir es uns noch einmal bewusst: Auch wenn wir im Leben einer Gemeinschaft in Christus verschiedene Ebenen unterscheiden können, kann diese Differenzie-

rung nicht zu einer Trennung führen, ohne das Menschsein misszuverstehen und Gottes Wirken auszuhöhlen. Es
ist ohne Zweifel richtig, dass Amt und Sakramente, zusammen mit der gesamten Ebene der Kirchenorganisati-
on und -struktur, kein Selbstzweck sind. Sie existieren
zum Aufbau des Leibes Christi, mit anderen Worten, um
der Freundschaft mit Gott und zwischen den Menschen
Wachstum und Entwicklung zu ermöglichen. Dies darf
jedoch nicht als Entschuldigung für die Vernachlässigung
der gottgegebenen Mittel herangezogen werden. Freundschaft in Christus muss, auch wenn ihr eine Dynamik innewohnt, die sie ständig dazu bringt, menschliche Grenzen zu überschreiten, mit der Zeit in Gemeinschaften mit
Wiedererkennungswert, ihren sichtbaren Ausdruck finden. Kurz gesagt, keine Vertiefung oder Erneuerung der
Gemeinschaft in Gott, wenn sie mehr als ein bloßes Stroh-
feuer sein soll, kann die empirischen Strukturen vernachlässigen, die diese Gemeinschaft konkret machen.

Das Zweite Vatikanische Konzil lehnt im achten Kapitel
der Dogmatischen Konstitution über die Kirche *Lumen
gentium* jede Trennung zwischen „der sichtbaren Versammlung und der geistlichen Gemeinschaft" kategorisch ab und bestätigt, dass die Kirche eine „komplexe
Wirklichkeit ist, die aus einem göttlichen und einem
menschlichen Element zusammengewachsen ist". Auf reformierter Seite finden wir eine ähnliche Beharrlichkeit in
diesen Worten Karl Barths:

> „Man soll die Vielheit der Kirche nicht erklären wol-
> len als ein notwendiges Merkmal der sichtbaren, empi-
> rischen im Gegensatz zu der unsichtbaren, idealen,
> wesentlichen Kirche. Man soll das darum nicht tun,
> weil … die Kirche Jesu Christi nach dem Neuen Tes-
> tament auch in dieser Hinsicht nur eine ist … Es gibt

keine Flucht von der sichtbaren zur unsichtbaren Kirche. ... Man soll die Vielheit der Kirchen überhaupt nicht erklären wollen. Man soll mit ihr umgehen, wie man mit der eigenen und fremden Sünde umgeht ... Man soll sie als Schuld verstehen."[78]

Vor uns liegt also eine zweifache Aufgabe: Zunächst müssen wir den christlichen Glauben immer mehr als ein Angebot der Gemeinschaft mit Gott und anderen Menschen verstehen, das in freundschaftlichen Beziehungen zwischen den Gläubigen konkret Gestalt annimmt und allen gegenüber offen ist. Gleichzeitig sollten wir alles in unserer Macht Stehende tun, um den konkreten Kirchenstrukturen dabei zu helfen, ihre grundlegende Identität zu reflektieren und diese Freundschaft zu fördern. Kann in einer Welt, die unaufhaltsam, wenn auch nicht ohne Schwankungen und Verwirrungen, auf die Entdeckung ihrer Einheit hinsteuert, ein besserer Weg für diese Einheit, die nicht unter dem Zeichen politischer und militärischer Großmächte, wirtschaftlicher Abhängigkeit oder ideologischer Uniformität erreicht werden kann, gefunden werden als in der einzigen Art und Weise, die wahrhaft menschlich ist: einer Gemeinschaft freier Menschen, einer Vielfalt von Freunden, deren Freundschaft ohne Grenzen ist?

Anmerkungen

1   Bei diesem Kapitel handelt es sich um eine leicht veränderte Version meines Artikels „Was macht den christlichen Glauben aus?" *Hefte aus Taizé* 3 (Juli 2007), <http://www.taize.fr/de_article6780.html>.

2   Die Herkunft des Wortes *religio* ist umstritten. Wissenschaftler nennen sowohl das Wort *relegere* (lat. wiederlesen, überdenken) als auch *religare* (lat. befestigen, verbinden) als möglichen Ursprung.

3   Zitiert nach Sabine Dramm: *Dietrich Bonhoeffer. Eine Einführung in sein Denken* (Gütersloh, 2001), S. 228.

4   Anfangs war Bonhoeffer stark vom großen reformierten Theologen Karl Barth beeinflusst, der ebenfalls Kritik am Begriff der Religion zugunsten des Glaubens an Jesus Christus übte. Barth sieht Religion aus dem Blickwinkel des Menschen, der sich bemüht, Gott durch sein eigenes Tun zu erreichen; dieses „babylonische Unterfangen", weder erstrebenswert noch neutral zu bewerten, stellt ein gewaltiges Hindernis für das Heil dar, das allein von Gott durch Christus kommt. Durch Christus kann – nach Barth – die Religion gerettet werden, ebenso wie alles andere der menschlichen Existenz. Diese theologische und abstrakte Vorstellung von Religion weicht von derjenigen Bonhoeffers ab, die eher historisch und empirisch ist.

5   „Gott aber, der voll Erbarmen ist, hat uns, die wir infolge unserer Sünden tot waren, in seiner großen Liebe, mit der er uns geliebt hat, zusammen mit Christus wieder lebendig gemacht. Aus Gnade seid ihr gerettet. Er hat uns mit Christus Jesus auferweckt und uns zusammen mit ihm einen Platz im Himmel gegeben. Dadurch, dass er in Christus Jesus gütig an uns handelte, wollte er den kommenden Zeiten den überfließenden Reichtum seiner Gnade zeigen. Denn aus Gnade seid ihr durch den Glauben gerettet, nicht aus eigener Kraft – Gott hat es geschenkt" (Eph 2,4-8; siehe Röm 5,8).

6   Dietrich Bonhoeffer, *Ethik* (*Werke*, Bd. 6, S. 84), zitiert nach Dramm, S. 232.

7   Frère Roger, Taizé, *Gott kann nur lieben* (Freiburg 2002), S. 69.

8   Tatsächlich ist diese „dreidimensionale Logik" in der *conditio humana* verwurzelt. Der französische Philosoph und Historiker Pierre Legendre hat überzeugend gezeigt, dass keine Gesellschaft binäre Klassifizierungen ohne Bezugnahme zu einer „dritten Größe" institutionalisieren kann, die als Legitimationsautorität dient, sei es der Staat, die Vernunft, Gott oder etwas anderes. Die biblische Sichtweise macht diese Logik explizit und zieht daraus Konsequenzen.

9   Die Kirchenväter, und in ihren Fußstapfen die Tradition der Ostkirche, sprechen ausdrücklich vom „Sakrament des Bruders". Für Johannes

Chrysostomos sind das „Sakrament des Altars" und das „Sakrament des Bruders" so untrennbar wie die Liebe des unsichtbaren Gottes und Nächstenliebe. In den Armen, Kranken und Gefangenen, denen wir helfen sollen, begegnen wir der wahren Gegenwart Christi. Vgl. Mt 25,40.45: „Was ihr für einen meiner geringsten Brüder (nicht) getan habt, das habt ihr mir (nicht) getan."

10 Dante Alighieri, *Paradiso*, Canto XXXIII: *„l'amor che move il sole e l'altre stelle."* Das ist der letzte Vers der „Göttlichen Komödie".

11 Diese Interpretation wird in der lukanischen Version bestätigt, die anstatt des „Guten" in Mt 7,11 vom „Heiligen Geist" (Lk 11,13) spricht. In ähnlicher Weise zeigt Lukas, dass die „Vollkommenheit", die Jesus als Charakteristikum Gottes ansieht (Mt 5,48), eigentlich „Erbarmen" oder „Mitgefühl" ist (Lk 6,36). Siehe auch Anm. 12.

12 Dies ist wahrscheinlich das beste Verständnis dessen, was das griechische Wort *teleios*, gewöhnlich mit „vollkommen" übersetzt, ausdrücken will. Wie das lukanische Äquivalent im gleichen Satz zeigt, *oiktirmon*, „gnädig und barmherzig" (Lk 6,36), geht es nicht um eine Form moralischer Vollkommenheit – eine Vorstellung, die man in den semitischen Sprachen nicht findet –, sondern um eine Liebe, die ganzheitlich, einfach und inklusiv ist. Siehe auch Jak 2,8f.13.

13 Glauben wir den Evangelien, scheint dies manchmal auch Jesus selbst überrascht zu haben. Während seines ersten Vorstoßes in heidnisches Gebiet versuchte er, der Syrophönizierin gegenüber die Priorität Israels zu rechtfertigen, um dann nach der Entdeckung ihres tiefen Vertrauens in ihn einzulenken (s. Mk 7,24-30).

14 Manchmal Gottes Engel oder Bote genannt; vgl. Apg 8,26; 10,3; 23,8.

15 Für eine gute Zusammenfassung siehe Kap. 5, „The Success of Christianity", in John G. Gager, *Kingdom and Community: The Social World of Early Christianity* (Englewood Cliffs NJ 1975), S. 114-148.

16 Der Begriff *ekklesia* ersetzte nach und nach *plethos*, „Menge, Verein, ganze Gemeinde" (z. B. Apg 4,32; 6,2). Vgl. „Die Kirche: Ein biblisches Wort", in: *Brief aus Taizé* 2009-3 (Frère Richard). Die andere Möglichkeit, *synagoge*, scheint nie eine brauchbare Alternative gewesen zu sein, möglicherweise wegen ihres etablierten Gebrauchs im Judentum (aber vgl. Jak 2,2). In den germanischen Sprachen wurde *ekklesia* durch *Kirche, church, kerk* ersetzt, das sich wahrscheinlich von *kyriake oikia*, „Haus des Herrn", herleitet.

17 Vgl. Henri de Lubac, *Betrachtung über die Kirche* (Graz 1954), S. 71ff. Hier berühren wir das Thema der Kirche als Mutter, ein Motiv, das die gesamte christliche Tradition durchdringt. Siehe auch: De Lubac, *La maternité de L'Église*, zweiter Teil des Buches *Les Églises particulières dans l'Église universelle* (Paris 1971). Zur evangelikalen Perspektive s. Christopher Cocksworth, *Holding together: Gospel, Church and Spirit: The Essentials of Christian Identity* (Norwich 2008), S. 94-96. Dies führt christliche Denker

naturgemäß dazu, Maria, Urbild und Vorbild des treuen Gläubigen, als Bild der Kirche in Erwägung zu ziehen. Siehe z. B. De Lubac, *Betrachtung über die Kirche*, Kap. 9 und Cockworth, *op. cit.*, Kap. 5.

18 Für eine griechisch-orthodoxe Perspektive zur Katholizität, reich an Einsichten für die westliche Kirche, s. John D. Zizioulas (Metropolit Ioannis von Pergamon), „Eucharist and Catholicity", in: *Being as Communion: Studies in Personhood and the Church* (Crestwood NY 1985), S. 143-169. In der slawischen Version des nizänischen Glaubensbekenntnisses wurde das Wort *katholikēn* mit *sobornuju* übersetzt. Das dazugehörige Nomen ist *sobornost*, ein Schlüsselbegriff in der russischen Religionsphilosophie des 19. und 20. Jahrhunderts. Dieses bedeutungsreiche Wort, das Vorstellungen von organischer Gemeinschaft, spirituellem Austausch, Konziliarismus und offener Freundlichkeit anklingen lässt, wurde zu einem Ausdruck der wesentlichen Eigenart kirchlichen Lebens. Für eine genauere Betrachtung von *sobernost*, die in völliger Harmonie mit der Perspektive dieses Buches steht, s. Bischof Seraphim Sigrist, *A Life Together: Wisdom of Community from the Christian East* (Brewster MA 2011).

19 C. S. Lewis, *Vier Arten der Liebe* (Köln 1961). Die lateinischen Entsprechungen der letzten drei sind *amicitia, amor* und *caritas*.

20 Ebd., S. 99.

21 Ebd., S. 94.

22 Genau genommen ist es ohne Zweifel die stark dreidimensionale Natur der Freundschaft, die sie Lewis als weniger „natürlich" betrachten ließ. Physische und biologische Phänomene sind insofern zweidimensional, als sie im Allgemeinen gemäß den Schemata Ursache-Wirkung, Reiz-Reaktion, Bedürfnis-Befriedigung verstanden werden können. Die symbolschaffende menschliche Natur andererseits, ihre Fähigkeit für Sprache und Wahrnehmung von Begriffsinhalten, kann durch ein zweidimensionales Modell nicht angemessen ausgemacht werden. Was uns wirklich zu Menschen macht, ist also die Fähigkeit, dreidimensionale Beziehungen einzugehen. Vgl. Walker Percy, *The Message in the Bottle* (New York 1979).

23 In Bezug auf die historische Entwicklung von Freundschaft, wie sie in diesem Abschnitt beschrieben wird, bin ich der meisterhaften Studie von Liz Carmichael, *Friendship: Interpreting Christian Love* (London 2004) zu großem Dank verpflichtet. Ihr Buch ist ein unverzichtbarer Ausgangspunkt für jegliche Beschäftigung mit diesem Thema.

24 Ebd., S. 11.

25 Das Thema Freundschaft bei Augustinus wurde häufig wissenschaftlich betrachtet. Neben Carmichael, S. 55-68, s. z. B. Edward C. Sellner, „Like a Kindling Fire: Meanings of Friendship in the Life and Writings of Augustine," *Spirituality Today*, Vol. 43, no. 3 (Herbst 1991), S. 240-275. <http://www.spiritualitytoday.org/spir2day/91433sellner.html>.

26 Ein anderes Wort für „monastisch", vom griechischen *koinos bios*, „gemeinsames Leben." Dieser Begriff betont das gemeinschaftliche Wesen

des Mönchtums, wohingegen sich die Wortbedeutung von *monachos*, „einzeln, allein", eher auf deren Trennung von der Gesellschaft bezieht.

27 Vgl. Augustinus' Brief Nr. 130 an Proba, Kap. 6: „Auch sind der Freundschaft nicht enge Grenzen zu ziehen; sie umfasst vielmehr alle, denen man Liebe und Zuneigung schuldet, wenn man sich auch zu dem einen mehr, zu dem anderen weniger hingezogen fühlt; sie reicht sogar bis zu den Feinden, da uns befohlen ist, auch für sie zu beten. So gibt es niemanden im Menschengeschlechte, dem man nicht Liebe, wenn auch nicht als wechselseitige Zuneigung, so doch wegen der Gemeinsamkeit der Natur schuldig wäre."

28 „Die die Liebe haben, sind aus Gott geboren; die sie nicht haben, sind nicht aus Gott geboren. Ein großes Zeichen, eine große Unterscheidung! Habe, was immer du willst. Hast du dies eine nicht, nützt es dir nichts; wenn du anderes nicht hast, so habe nur dies, und du hast das Gesetz erfüllt. ‚Denn wer den Nächsten liebt, der hat das Gesetz erfüllt', sagt der Apostel, und: ‚Die Fülle des Gesetzes ist Liebe'" (*Predigten des Augustinus über den ersten Johannesbrief*, V, 7).

29 P. Amédée Hallier, *Un éducateur monastique: Aelred de Rievaulx* (Paris 1959), S. 56.

30 Ebd., S. 58.

31 *Über die geistliche Freundschaft*, Buch I, Abschnitt 10, ins Deutsche übertragen von Rhaban Haacke, eingeleitet von Wilhelm Nyssen (Trier 1978). Verweise darauf werden fortan an wie folgt gekennzeichnet: I,10 (Beispiel).

32 „Im Himmel wird die Freundschaft, die wir hier auf Erden nur wenigen schenken können, auf alle übertragen und von allen wiederum Gott zurückgeschenkt, denn Gott ist alles in allem." (III, 134).

33 Carmichael, S. 105.

34 Thomas von Aquin, *Summa Theologiae* II-II, 23,1. Vgl. auch: „Die Gottesliebe bezeichnet nicht nur Liebe zu Gott, sondern sogar Freundschaft mit ihm. Diese fügt über die Liebe die wechselseitige Gegenliebe hinzu mit einem wechselseitigen Lebensaustausch. [...] Diese Gemeinschaft des Menschen mit Gott, die in einem herzlichen Verkehr mit ihm besteht, wird hier unten durch die Gnade eingeleitet, in der Ewigkeit aber vollendet durch die Herrlichkeit" (ST II-I, 65,5).

35 *Op. cit.*, S. 72f, zitiert in: Carmichael, S. 139.

36 Ebd., S. 80; Carmichael, S. 141.

37 *Parochial and Plain Sermons* II, 5 (San Francisco 1987), S. 258. Carmichael, S. 150.

38 Simone Weil, *Das Unglück und die Gottesliebe* (München, 1953), S. 223ff.

39 Pavel Florenskij, *Der Pfeiler und die Grundfeste der Wahrheit.*, <http://kontextverlag.de/florenskij.elfter.html>. Siehe auch: Bischof Seraphim Sigrist, *A Life Together*, S. 69-72.

40 Jürgen Moltmann, *Kirche in der Kraft des Geistes* (München 1975), S. 134.

41 Ebd., S. 343.

42 Brief an J. Hours (3. Mai 1912), in Kleine Schwester Annie von Jesus, *Charles de Foucauld – Auf den Spuren Jesu von Nazaret* (München 2004), S. 107.

43 Roger Schutz, *Introduction à la vie communautaire* (Genf 1944), S. 28f.

44 Im Folgenden werden die Schriften Frère Rogers mit diesen Abkürzungen und den entsprechenden Seitenzahlen zitiert: R = Die Regel von Taizé (Gütersloh 1963); EP = *Einmütig im Pluralismus* (Gütersloh 1968); DV = *Dynamik des Vorläufigen* (Gütersloh 1967); GF = *Die Gewalt der Friedfertigen* (Gütersloh 1970); F = *Ein Fest ohne Ende* (Freiburg 1973); KK = *Kampf und Kontemplation* (Freiburg 1974); LS = *Einer Liebe staunen* (Taizé 1980); BW = *Blühen wird deine Wüste* (Taizé 1983); VF = *Vertrauen wie Feuer* (Freiburg 1985).

45 Im Jahr 2007 schlug der Prior von Taizé in einem „Aufruf für die Versöhnung der Christen" eine „Ökumene des Gebets" vor: „Wir wollen nicht noch mehr Energie an die Gegensätze unter den Christen, manchmal sogar innerhalb unserer Konfessionen verlieren! Lasst uns öfter in der Gegenwart Gottes, im Hören auf das Wort, in Stille und Lobpreis, zusammenkommen. Einmal im Monat oder alle drei Monate können wir jene, die in unseren Städten, Dörfern oder Regionen leben, zu einer ‚Andacht für die Versöhnung' einladen." In Deutschland finden jedes Jahr in vielen Städten „Nächte der Lichter" statt, bei denen auch einer der Brüder anwesend ist. Nach einem Gebet mit Gesängen aus Taizé und einer Zeit der Stille folgt meist ein Austausch über das kommende Europäische Jugendtreffen zum Jahreswechsel.

46 Auch wenn die Sprache dieser Beteuerung die der Kirche ist, die in Gemeinschaft mit Rom steht, gehört der Inhalt, nämlich dass die Gemeinschaft der Gläubigen nicht um ihrer selbst willen, sondern einzig der Gemeinschaft zwischen Gott und der Menschheit halber existiert, zum gemeinsamen Erbe der Christen.

47 *Nachfolge Christi*, IV, XI, 2, zitiert nach Henri de Lubac, *Betrachtung über die Kirche*, S. 55. Cardinal de Lubacs kritische Analyse der „Täuschung", die den „sichtbaren Organismus" der Kirche als etwas Ewiges, als Selbstzweck betrachtet, ist auch heute noch von großer Relevanz. Siehe *op. cit.*, S. 51ff.

48 Und doch zögert der Islam nicht, wenn er auch mehr als das Christentum die unüberbrückbare Kluft zwischen Gott und allem anderen betont, den Ausdruck *Awliya Allah*, „Freunde Allahs", auf bestimmte Gläubige anzuwenden.

49 Für eine meisterhafte Darstellung dieses Themas siehe Hans Urs von Balthasar, *Herrlichkeit: Eine Theologische Ästhetik I: Schau der Gestalt* (Einsiedeln 1961), S. 352ff.

50 *Sermon sur la louange du Sépulcre du Seigneur*, zitiert nach Frère Roger von Taizé in: DV 101.

51 Es ist richtig, dass Jesus in Joh 15,17 das Verb *agapaō* und nicht *phileō* verwendet. Dies ist allerdings keine Rechtfertigung dafür, die Liebe, die anderen Menschen zu zeigen wir berufen sind, als grundsätzlich verschieden von der Liebe zu betrachten, die Jesus vom Vater emp-

fängt und mit uns teilt. Wir müssen uns nur die Häufigkeit der Formel „Vater > Sohn > Gläubige" im vierten Evangelium (6,57; 10,14f; 14,10ff; 15,9f.12; 17,18.21ff; 20,21; vgl. Offenbarung 2,26ff; 3,21) und den regelmäßigen Wechsel der zwei Verben für Liebe (vgl. Joh 3,35 und 5,20; 11,3 und 11,5; 13,23, 19,26 und 20,2; 14,21.23 und 16,27; 21,15.17) vor Augen führen.

52 *Orientations pour la mission des catholiques du diocèse de Nanterre,* 2009, S. 30f.

53 Ebd., *37.* Es ist nicht die geringste der Ironien der Geschichte, dass dieses Bemühen eines römisch-katholischen Bistums eine erstaunliche Ähnlichkeit zu dem gescheiterten Plan Martin Bucers aufweist, dem Reformator der Stadt Strasbourg im Elsass im 16. Jahrhundert. Bucer drängte die „Pfarrer ...", in ihren Pfarreien kleine Gruppen von Gläubigen zu bilden und zu begleiten, die dazu bereit sind, sich im Glauben formen zu lassen, einander zur Nächstenliebe anzuhalten und untereinander Buße und Heiligung zu praktizieren. Und durch diese *Christlichen Gemeinschaften* sollte die Kirche als Ganzes nach und nach auf der Linie der frühen Kirche wieder neu belebt werden" (Gottfried Hammann, *Entre la Secte et la Cité: Le Projet d'Église du Réformateur Martin Bucer [1491-1551]* [Genf 1984], S. 79f; siehe auch S. 76-83, 353-386, 410-413).

54 In den Tagen Jesu war die Kategorie „Sünder" sowohl sozial als auch ethisch besetzt. Sie bezeichnete all jene, die, aus welchem Grund auch immer, den Vorgaben der Tora nicht folgen konnten oder wollten, sowie solche, die Beschäftigungen nachgingen, die sie rituell unrein machten.

55 Zu diesem Thema s. Claudio Monge, *Dieu Hôte: Recherche historique et théologique sur les rituels de l'hospitalité* (Zeta Books, 2008).

56 Papst Paul VI. beschrieb in seinem Apostolischen Schreiben *Evangelii nuntiandi* (8. Dezember 1975) in gelungener Weise die Gefahren, die entstehen, wenn Gemeinden sich auf welcher Ebene auch immer von der größeren Gemeinschaft der Gläubigen abschotten: „Wie die Geschichte ferner aufweist, sind Teilkirchen jedesmal, wenn sie sich von der universalen Kirche mit ihrem lebendigen und sichtbaren Zentrum losgelöst haben – zuweilen mit den besten Absichten, mit guten theologischen, soziologischen, politischen oder seelsorglichen Gründen oder auch im Verlangen nach einer gewissen Bewegungs- und Aktionsfreiheit –, wenn überhaupt, dann nur sehr schwer zwei Gefahren entgangen, die beide gleichermaßen bedrohlich sind: Einerseits besteht für sie die Gefahr der Isolierung, die zum Austrocknen und bald zur Auflösung führt, wobei sich dann die einzelnen Zellen ebenso voneinander trennen, wie sie sich vom zentralen Kern getrennt haben. Auf der anderen Seite steht die Gefahr, die Freiheit zu verlieren; denn getrennt vom Zentrum und den anderen Kirchen, die ihr Kraft und Schwung gaben, findet eine Teilkirche sich, alleingelassen, den verschiedensten Mächten ausgeliefert, die sie sich dienstbar machen und ausbeuten möchten" (Nr. 64).

57 Predigt 65,1, zitiert in: Henri de Lubac, *Glauben aus der Liebe* (Einsiedeln 1970), S. 49.

58 Siehe: *In den Flüssen nördlich der Zukunft: Letzte Gespräche über Religion und Gesellschaft mit David Cayley* (München, 2006), bes. S. 71-84.

59 Illich seinerseits unterschiedet drei historische Zeitalter: die Zeit, in der Werkzeuge eine buchstäbliche Erweiterung eines menschlichen Organs darstellten; die Entdeckung der Werkzeuge als eigene Wirklichkeiten im 12. Jahrhundert in Europa; der Übergang zum Zeitalter der Systeme gegen Ende des 20. Jahrhunderts. Ein Computer ist kein Werkzeug im klassischen Sinne, da wir durch seinen Gebrauch dazu gezwungen sind, Teil seines Systems zu werden. In unserer heutigen Welt sind wir also noch mehr der Arbeit unserer Hände ausgeliefert als jemals zuvor. Siehe: *In den Flüssen nördlich der Zukunft*, Kapitel 4, 13, 18.

60 Eine gute Auseinandersetzung mit dem Thema bietet: Richard Bauckham, *Jesus and the Eyewitnesses: The Gospels as Eyewitness Testimony* (Grand Rapids MI 2006), S. 412-471. Siehe auch sein Werk: *The Testimony of the Beloved Disciple: Narrative, History and Theology in the Gospel of John* (Grand Rapids MI 2007).

61 Für eine neuere Arbeit, die sich mit der Erforschung einer großen Zahl solcher Freundschaften (männlich-männlich, weiblich-weiblich, männlich-weiblich) in der Geschichte des Christentums beschäftigt, siehe Jacqueline Kelen, *Les amitiés célestes* (Paris 2010). Vertraute Freundschaft spielt auch in der Tradition des Sufismus eine Schlüsselrolle, wobei die Beziehung zwischen dem großen persischen Dichter Rumi (1207–1273) und seinem geheimnisvollen Begleiter Shams das Paradebeispiel bildet.

62 Siehe die Schriften von Edward C. Sellner, vor allem *The Celtic Soul Friend: A Trusted Guide for Today* (Notre Dame IN 2002).

63 Paulinus von Nola, *Epistulae. Briefe. Erster Teilband.* Übersetzt und eingeleitet von Matthias Skeb OSB (Fontes Christiani, Freiburg u.a. 1995).

64 *Die Briefe des Seligen Jordan von Sachsen.* Aus dem Lateinischen übersetzt und mit einer Einleitung hg. von Johannes Mumbauer, in: *Dominikanisches Geistesleben. Zur Einführung in die religiöse Ideenwelt des Dominikanerordens.* Herausgegeben von Patres des St. Josefkollegs Vechta in Oldenburg (Vechta 1927), S. 23.

65 Tatsächlich zeigen uns sowohl der Heilige Paulinus als auch der Selige Jordan ausgezeichnete Beispiele einer Freundschaft in und niemals ohne Christus. Vgl. z. B. den folgenden Brief Jordans an Diana: „Und was dir an meiner Gegenwart abgeht, die du nicht haben kannst, das verschaffe dir bei einem besseren Freunde, deinem Bräutigam Jesus Christus, den du öfter gegenwärtig haben kannst, ‚im Geist und in der Wahrheit'. [...] Er ist unser Band, durch das mein Geist mit deinem Geiste verbunden ist, in dem ich dich ‚ohne Unterbrechung gegenwärtig habe'" (Brief 48), in: a. a. O., S. 97f.

66 Für die Bibel ist Begierde, wenn auch kein Gott, so doch das, was uns zu Menschen macht, da sie auf die grundlegende Offenheit unseres Seins

für das Andere verweist und ihren höchsten Ausdruck in der Sehnsucht nach Gott findet (z. B. Psalm 42; 63; Jes 63,19f). Andersherum wird Gottes Beziehung zu Israel oft mit einer Ehe verglichen (z. B. Hos 2; Jer 2; Ez 16; Hoheslied). Im Neuen Testament ist Jesu Durst (vgl. Lk 12,49f; Joh 19,28) ein Ausdruck seiner Sehnsucht, Gottes Liebe der Menschheit durch seine Selbsthingabe mitzuteilen. Im ersten Teil seiner Enzyklika *Deus caritas est* (25. Dezember 2005) lehnt Papst Benedikt XVI. die Tendenz, streng zwischen *eros* und *agape* zu unterscheiden oder beides einander entgegenzustellen, kategorisch ab; eine Einstellung, die gewöhnlich mit dem Namen des schwedischen Bischofs und Theologen Anders Nygren verbunden ist. Der Papst schreibt: „Wenn beide vollkommen voneinander abgeschnitten werden, ist das Ergebnis eine Karikatur oder zumindest eine ärmliche Form von Liebe" (Nr. 8). Vgl. den erhellenden Artikel von D. C. Shindler: *The Redemption of Eros: Philosophical Reflections on Benedict XVI's First Encyclical*, in: *Communio. International Catholic Review* 33 (Herbst 2006), S. 375-399.

67 Der Philosoph Paul Ricoeur prägte diese Bezeichnung für Nietzsche, Marx und Freud, deren Ansichten über die Wirklichkeit einer in unserer Gesellschaft weit verbreiteten Neigung, das Höhere durch das Niedrigere zu „erklären" und überall weniger edle Motive hinter den Kulissen am Werk zu sehen, Ausdruck verliehen und Vorschub leisteten.

68 *Summa contra Gentiles* III, 123, 6; vgl. Carmichael, *op. cit.,* S. 108.

69 *Summa contra Gentiles* III, 124, 5.

70 *Liebe aller Lieben: Die Quellen von Taizé* (Freiburg 1990), S. 31f.

71 Für eine gute Einführung siehe: Frère Johannes von Taizé, *Austausch mit Glaubenden anderer Religionen: Erfahrungen aus Bangladesch (Hefte aus Taizé 4)* <http://www.taize.fr/de_article7444.html>.

72 <http://www.vatican.va/news_services/liturgy/documents/ns_lit_ doc_20000312_prayer-day-pardon_ge.html>.

73 „Ein Lebensbild: Matteo Ricci" *Brief aus Taizé* 2010-1 (Frère Jean-Marc).

74 Kleine Schwester Magdeleine von Jesus, *Grünes Heft – Die Fraternität der Kleinen Schwestern Jesu*, S. 22f.

75 *Ebd.,* S. 29.

76 Eine Auswahl dieser Zeugnisse findet sich im Buch *Choose to Love: Brother Roger of Taizé 1915-2005* (Taizé 2007).

77 *Multis qui foris videntur, intus sunt; et multi, qui intus videntur, foris sunt. - De baptismo V, 27. Vgl. Enarr. in Psalmos CVI, 14: Quam multi non nostri adhuc quasi intus, et quam multi nostri adhuc quasi foris? Novit Dominus qui sunt eius.*

78 *Die Kirche und die Kirchen* (Theologische Existenz heute, 27, 1935), S. 9f, zit. nach: Hans Urs von Balthasar, *Karl Barth: Darstellung und Deutung seiner Theologie* (Köln 1962), S. 16. Vgl. auch das Schlussdokument des Internationalen reformiert/römisch-katholischen Dialogs, „Auf dem Weg zu einem gemeinsamen Verständnis von Kirche" (1990): „In der Vergangenheit haben die Reformierten Kirchen manchmal die Tendenz gezeigt, die unsichtbare Kirche, die Gott allein kennt, und die sichtbare Kirche, die in der Welt als eine

Gemeinschaft, die durch Wort und Sakrament versammelt ist, nicht nur zu unterscheiden, sondern sogar zu trennen. Tatsächlich ist eine solche Unterscheidung nicht Teil genuin reformierter Lehre. Wir können gemeinsam die untrennbare Verbindung zwischen der unsichtbaren und der sichtbaren Kirche bekräftigen. [...] Die unsichtbare Kirche ist die verborgene Seite der sichtbaren, irdischen Kirche" (Nr. 126f).

Frère John, Taizé
ABENTEUER HEILIGKEIT
Biblische Perspektiven
fürs eigene Leben

Ein Buch zum Thema „Heiligkeit"? Wozu? – Gerade heute spüren viele Menschen den Durst nach Tiefe, Echtheit, Sinn. Frère John zeigt: Das biblische Konzept der Heiligkeit führt genau auf diese Spur. Es geht weder um einen ethischen Heroismus noch um eine Flucht aus der Wirklichkeit, im Gegenteil: „Heiligkeit" erwächst aus der Begegnung mit einem „brennenden Dornbusch", einem Mysterium, das fasziniert und aus dem Alltagstrott herausreißt.

Wer sich auf dieses Abenteuer einlässt, bekommt eine Ahnung von der Schönheit eines Lebens in der Gemeinschaft mit Gott und in der Verantwortung füreinander und für die Welt, in der wir leben.

160 Seiten, kartoniert, ISBN 978-3-87996-751-3

Frère John, Taizé
WEG ZUR FREIHEIT
Die Zehn Gebote neu gelesen

Die Zehn Gebote sind ein biblischer Schlüsseltext. Es geht um ein Leben in der Gemeinschaft mit einem Gott, dem an der Freiheit der Menschen liegt. Nicht Einengung, sondern Befreiung zu einem Leben in Fülle, zu Gemeinschaft und Solidarität: das ist die Botschaft der „Zehn Worte", die es zu entdecken gilt.

144 Seiten, kartoniert,
ISBN 978-3-87996-656-1

Frère John, Taizé
AN DER QUELLE
Jesus und die Samariterin

Eine Bibelarbeit über die Begegnung Jesu mit einer unbekannten Frau aus Samarien: biblische Impulse, „Wasser aus der Quelle" zu schöpfen, Wasser aus der Tiefe, Wasser, das im Alltag zur Quelle werden kann für die Versöhnung unter Menschen und Völkern.

108 Seiten, kartoniert,
ISBN 978-3-87996-585-4

www.neuestadt.com